100 DEVOCIONALES PARA MUJERES

CON SOPAS DE LETRAS
LETRA GRANDE

100 DEVOCIONALES PARA MUJERES

CON SOPAS DE LETRAS
LETRA GRANDE

H F O K M E L D I Q
M F S K B E O E G V A
B N I B U S C A C I O
N C O I H Y C J D C U
C E N C U E N T R A K
C U A I S U H W S G
H S V P A Z S A O
C W E S C H F N K
K G H D Y S A L

ORIGEN

Primera edición: abril de 2025

Publicado por ORIGEN®, marca registrada de
Penguin Random House Grupo Editorial USA, LLC

Editora en general: Keila Ochoa Harris
Colaboración: Keila Ochoa Harris (ko), Margie Hord de Méndez (mh),
Mayra Gris (mg), Yuri Flores (yf)
Diseño de cubierta: PRHGE

Impreso en Colombia / Printed in Colombia

Información de catalogación de publicaciones disponible
en la Biblioteca del Congreso de los Estados Unidos

ISBN: 979-8-89098-340-4

25 26 27 28 29 10 9 8 7 6 5

DEVOCIONALES

DIRECCIÓN

Las decisiones sabias te protegerán;

el entendimiento te mantendrá a salvo.

Proverbios 2:11, NTV

¿Has escuchado el dicho: "Más vale maña que fuerza"? Aunque admiramos a los fortachones que sorprenden con sus hazañas, más nos impactan los listos y sabios, puesto que las consecuencias de sus acciones son más duraderas.

Una mujer tomó una decisión inapropiada y terminó en una profesión poco honrada. La ubicación de su vivienda reflejaba su poca respetabilidad. No sabemos qué la empujó a hacerlo; tal vez no tenía otra manera de sostener a su familia. Pero a pesar de su mala fama, su vida dio un giro cuando tomó una decisión sabia, que la protegió de la muerte a ella y a toda su familia.

Me refiero a la ramera Rahab. Este versículo habla sobre "decisiones sabias" que mantienen a alguien a salvo, y describe perfectamente a Rahab. Ella creyó que el Dios de los israelitas era el verdadero y escondió a los espías hebreos. Cuando los espías se marcharon, le dijeron que dejara un cordón escarlata colgando de su ventana para identificarse y ser salva cuando los israelitas atacaran la ciudad (Josué 2:18). Rahab hizo lo que le habían pedido y, aun cuando la población de Jericó fue destruida, ¡ella y sus familiares se salvaron!

Ese cordón rojo puede tomarse como un símbolo de la sangre de Cristo que representa la salvación. La decisión más sabia, y la que nos mantendrá a salvo por siempre, es creer que Jesús es Hijo de Dios, el salvador que necesitamos. ¿Has tomado una decisión al respecto? Da el paso; de ti depende hacerlo.

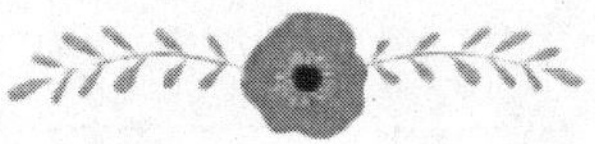

Señor, guíame para tomar decisiones sabias y recibir tu protección.

V V F Q É Í N S

T O O E S K C C Ó H A X

C Ñ É J L R U R Y Á O É A B Ó Z

Ú X F S U S U E P V S D Z R J Z I H C C

J Q R G S Í F N D P C E I Ü D X A D V B T

S L P U T M Ñ I T A F Ñ R S Ó R Ñ U G É C

J Y O É I B E M X A S A E C N F A R U É É

S Í H C C O K K H Á D L C H R N S Í Í K I

Ú A F D I L P R O T E C C I Ó N S A A R L

Z L E A O V Ó É P D G I Z C L A O D V

É É V O J O H Ú A J É Ó Á L U M N Z J

R B A É Z V J Ñ M D N V Ó Z U T R

B O Q C O Á Ü H D E C I S I Ó N L

Y F C I R Ú S A B I D U R Í A

N Í O Ó Ú C A M I N O H L

E R N N E F M Ó Ü C I

S V S U H A Í K F

P Ü E Q Ñ Ü Z

Í Í J A H

A T O

S

1. Maña
2. Hazañas
3. Decisión
4. Sabiduría
5. Protección
6. Espías
7. Cordón
8. Símbolo
9. Salvación
10. Fe
11. Guía (Salmo 23:3)
12. Camino (Proverbios 3:6)
13. Consejo (Proverbios 11:14)
14. Luz (Salmo 119:105)
15. Sabiduría (Proverbios 2:6)
16. Justicia (Isaías 30:21)
17. Veredas (Proverbios 4:26)
18. Señal (Éxodo 13:21)
19. Dirección (Proverbios 16:9)
20. Voluntad (Romanos 12:2)

*no incluye los versículos bíblicos

DESEOS SANOS

Sea bendito tu manantial,
y alégrate con la mujer de tu juventud.

Proverbios 5:18, RVR1960

Un manantial se puede detener poco a poco, con una piedra a la vez. Si te lo propones, y cada día colocas una piedra cerca de la naciente del agua, la corriente se hará menor en unos meses, y eventualmente, harás que desaparezca o encuentre otro camino.

En el proverbio de hoy, el manantial representa el matrimonio y la intimidad sexual de una pareja. La sabiduría desea que toda pareja sea bendecida y que se disfruten el uno al otro. Tristemente, muchas veces vamos colocando piedras, una a la vez, que detienen el flujo de una relación. ¿Algunas de ellas? Los problemas no resueltos, las expectativas que sobrepasan la realidad, los anhelos o preferencias que no se comparten, las excusas para no estar juntos.

Salomón, el escritor de muchos de estos proverbios, no supo ser el mejor ejemplo en esta área. Sin embargo, también nos dejó una serie de poemas que le escribió a una de sus primeras esposas, en el cual leemos: "Atrapen todos los zorros, esos zorros pequeños, antes de que arruinen el viñedo del amor" (Cantar de los Cantares 2:15, NTV).

Si eres casada, no arruines el manantial. Arregla a tiempo las cosas, aunque sean pequeñas. Expresa con amor tus gustos y tus deseos. Pide perdón aun en lo que parezca una nimiedad. Aclara tus expectativas y conversa mucho con tu pareja. Si no eres casada, los mismos consejos aplican para tu relación con tus hijos, tus amigos o tus compañeros de trabajo. Cuidemos el manantial de las relaciones sanas. No olvides que se arruinan una piedra a la vez.

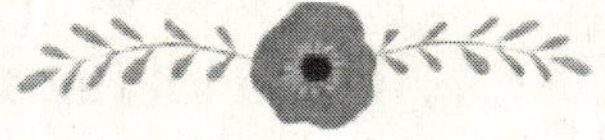

Señor, que mi manantial sea bendito y encuentre gozo en él.

M U I C O E O T
J G S D Ó N Q P Y Ú V Ü
T A D P M J S S R R M Y M Ñ
Ú C N E V Q U F A T E O Q K A Z
F Ó O F C I T S D Ú B R F P Y L I B
E T R J I D G T S I C I U L Ó C R P
Í B X D O S A N I D Ü R O D C E S K D Q
Ú M P Ó Ó I O Ú C I S Á E N U C X I Q O
C Ó P N P Ó P Ú I S S V C C S R I I T U
A Q F E Í N Y R A C G F Q Á C E Í Ó Ó O
Z M Ñ I É P R O T E C C I Ó N I J A N N
K L É Y Á T E M O R T Ü U M É L Ó O E D
J R Ó E V I R Í F N I T S R P H R N Ú O
Ó E N T E N D I M I E N T O U B Ü E C I
U F E Á N B F A M I L I A T D I O S
Ü G U C T Ú S V I S A L V A C I Ó N
O Ñ E Ú A Y Ó E K C C Í N B L R
Á P R E O Á N Í Z R A H A B
N C Z P C T Í H E Ó H Ó
R A Ú O G A Ü C

1. Decisión
2. Fuerza
3. Rahab
4. Salvación
5. Protección
6. Fe
7. Dios
8. Cordón
9. Vida
10. Familia
11. Sabiduría (Proverbios 3:13)
12. Consejo (Proverbios 15:22)
13. Entendimiento (Proverbios 2:6)
14. Discernimiento (Filipenses 1:9)
15. Instrucción (Proverbios 4:1)
16. Reflexión (Salmo 119:15)
17. Justicia (Proverbios 21:3)
18. Temor (Proverbios 1:7)
19. Dirección (Proverbios 3:6)
20. Propósito (Proverbios 19:21)

*no incluye los versículos bíblicos

GENEROSIDAD

Da con generosidad y serás más rico;

sé tacaño y lo perderás todo.

Proverbios 11:24, NTV

Muchos campesinos cosechan frutas y viajan a las ciudades para vender sus productos. Los transportan en pesadas cubetas o canastas de palma. Cuando yo era niña, era frecuente que los vendedores tocaran la puerta de nuestra casa ofreciendo aguacates o pitayas. Venían cansados, con los pies agrietados y llenos de polvo de tanto caminar. Mi mamá los invitaba a pasar a la casa. Los hacía sentar, les daba agua fresca, comida y ropa. Platicaba con ellos con gran interés informándose de sus nombres y sus vidas. También les hablaba del amor de Dios. A veces ellos se marchaban de casa dejando atrás las más pesadas cargas: las del corazón.

En mis años atareados atendiendo a mis niñas, recordaba a mi mamá y me preguntaba cómo se había dado tiempo para escuchar a las personas y mostrar generosidad. Hoy pienso que daba prioridad a estas labores porque también su corazón quedaba lleno. Mi madre tenía la certeza de que es mejor dar que recibir. Y debo añadir que Dios siempre proveyó abundantemente a nuestra familia.

La generosidad es algo que está en el centro del corazón de Dios. Lo estipuló en la ley al decir: "Da al pobre con generosidad, no de mala gana, porque el Señor tu Dios te bendecirá en todo lo que hagas" (Deuteronomio 15:10, NTV).

En nuestra cotidianidad, marcada con apretadas agendas, tendremos interrupciones muchas veces. Está bien hacer pausas para poner atención a las personas que necesitan de nuestra generosidad. Voltea a tu alrededor y observa. ¿Hay alguien que te necesita? Dios promete prosperidad para el alma que comparte.

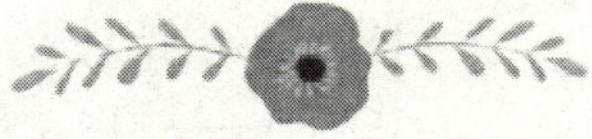

Señor, quiero ser un dador alegre. Hoy propongo en mi corazón ser generosa. Ayúdame a compartir tu provisión y tu amor.

J

Ü C A

S J V O B

D A R K H M U

F R U T A S I P N

N H Ü Q B Ñ E S D A D

P E R S O N A S E B A S A

O C O M P A R T I K C D I N

C Ü F G E N E R O S I D A D O Ó C

B P R O V I S I Ó N V C E A U B R N I

V P E C C A M P E S I N O S M K O Í D T A

E R N O B Ñ Y F Y S B R C O I N C V S

N O D R Ü Ü B O A E D U R R D G V

D V E A N Á A C N I C V V A N

E I C Z F L R D A H Q I D

D S I Ó Ú I I R A X D

O I R N F C Ú R T

R Ó Ó I I Y É

E N C Ó L

S I N

O

1. Campesinos
2. Generosidad
3. Corazón
4. Frutas
5. Provisión
6. Vendedores
7. Dador
8. Escuchar
9. Bendecir
10. Personas
11. Dar (Lucas 6:38)
12. Compartir (Hebreos 13:16)
13. Amor (1 Juan 3:17)
14. Compasión (Proverbios 19:17)
15. Misericordia (Mateo 5:7)
16. Bendición (Hechos 20:35)
17. Sacrificio (2 Corintios 9:7)
18. Provisión (Filipenses 4:19)
19. Bondad (Gálatas 6:10)
20. Abundancia (2 Corintios 9:6)

*no incluye los versículos bíblicos

BUENA INFLUENCIA

La mujer sabia edifica su hogar,
pero la necia con sus propias manos lo destruye.

Proverbios 14:1, NTV

En 2014, el Consejo de Arquitectos en Europa hizo un estudio en 30 naciones de este continente, y estimó que el 39% de los arquitectos practicantes son mujeres. En los Estados Unidos, aunque casi la mitad de los graduados en arquitectura son mujeres, apenas lo son el 18% de los arquitectos registrados como practicantes.

En pocas palabras, muchas mujeres han estudiado para ser arquitectas, pero no todas practican su profesión, quizá por falta de oportunidades o por cambios en sus vidas. Sin embargo, este proverbio nos dice que todas las mujeres practicamos la arquitectura del hogar. Las mujeres sabias somos "arquitectas" de hogares fuertes, construidos con valores, cariño y otros materiales no perecederos.

Desgraciadamente, lo opuesto también es común. También existen mujeres necias que, de forma irresponsable, destruyen sus propios hogares. Piensan más en ellas mismas que en los demás. Critican y no elogian. Se quejan en vez de confiar en Dios. Quizá, simplemente, no prestan atención a su responsabilidad como esposas, madres o hijas. Han olvidado que "la mujer sabia edifica su hogar, pero la necia con sus propias manos lo destruye". Posiblemente piensen que tienen muchos conocimientos, sin comprender que la sabiduría es algo muy distinto.

¿Cómo se construye un hogar? Aprendiendo del Arquitecto divino, pero también dedicando tiempo y esfuerzo. Cualquier arquitecto nos dirá que no se trata solo de diseñar, sino de calcular costos, revisar los planes con frecuencia y hacer cambios en el camino cuando las cosas no van bien. Dios nos ha dado las herramientas. Seamos sabias y usémoslas.

Señor, quiero ser una influencia positiva en mis seres amados.

O R Ó É C P R J X J V T D Y

Ü S E M Í A C G D E C Y H Ñ E Ü

N Ñ X A S P Z Z Y I D Y M N Q S D Ó

T B Y Ü Z B P S Q Í O I J Y N I T Ü O D

V E U A V A I O Ñ Ü S F O C G Ñ R F D X

I B S E R E M D N Ó C I Ñ O Q L U Á D É

H E V T N Q S É U S J C M N H P I S K Á

O Ó Q L I F U F Ñ R A R A D S T Z R H K É

E Á Ü D R M R I U E Í B C Ó T Q O S Ú N D

E Y Ü N H O U T E K A I Ú R F Í A V T

T N T E R Y Ó L U

O P Ó X S A L I O C Z N V I P Ó Z B S

S E D I F I C A R O J T O U R D Z Á C Q R

A V M C Ñ T Í K Q E C A O D É Z A M Ú J C

S A B I D U R Í A J É M D S R A E D V O F

Í M S Ú Ñ É Y C C E O V A L O R E S M Z

X J U S T I C I A M R Ó Ü O C L U Z H P

X E J Ñ N B I M R P T C F H O G A R H E

O Ó H L J O Z S L Ü L Ñ Q I Ó Á D Ü

Á Ñ Ó O E B H O U D Z L V Ó S J

P V Y Ó M Ú Ü R J U G Ú A N

1. Arquitectos
2. Hogar
3. Sabiduría
4. Construir
5. Valores
6. Responsabilidad
7. Edificar
8. Dios
9. Esfuerzo
10. Destruir
11. Ejemplo (1 Timoteo 4:12)
12. Luz (Mateo 5:14)
13. Sal (Mateo 5:13)
14. Sabiduría (Proverbios 13:20)
15. Edificación (Efesios 4:29)
16. Testimonio (Hechos 1:8)
17. Amor (Juan 13:35)
18. Paz (Romanos 12:18)
19. Justicia (Proverbios 21:3)
20. Buen fruto (Mateo 7:16)

*no incluye los versículos bíblicos

GOZO Y AMOR

El corazón contento alegra el rostro;
el corazón quebrantado destruye el espíritu.

Proverbios 15:13, NTV

¿Sabías que puedes gastar desde sesenta hasta mil dólares por el peinado y el maquillaje en una boda? En Estados Unidos, muchas parejas gastan un promedio de trecientos dólares en el estilista el día de sus bodas. Estos costos solo reflejan la importancia que tiene para la novia verse "bella".

Me encanta ver las fotos de la boda de mi hija. Como todas las novias, lucía esplendorosa y radiante. Uno de los días más felices en la vida de una mujer es el de su matrimonio con el hombre que ama. Su corazón está alegre. Se le ve bella y plena cuando sus sueños se convierten en realidad en medio de flores blancas y el vestido ideal. Esta es una de las mejores demostraciones de la veracidad del proverbio cuando afirma que "el corazón contento alegra el rostro".

Sin embargo, en ocasiones, la alegría es pasajera y, cuando el corazón duele, el espíritu se abate. Los ojos pierden su brillo y el ceño se frunce en nuestra frente. La felicidad es momentánea cuando la experimentamos por motivaciones externas, pero la Biblia nos habla del gozo como parte del fruto del Espíritu Santo. A diferencia de la felicidad, el gozo emana del interior. No depende de las circunstancias, sino de la plenitud de Dios en nosotros.

Tal vez has enfrentado desilusiones y problemas. La vida no es perfecta. Pero es posible volver a sonreír. ¿Hay algo que impide a tu corazón rebozar de gozo? Entrégalo al Señor y mantente en comunión con Él. Dios escucha tu oración, te responde y te llena. Te llena de amor, gozo, paz, paciencia, benignidad, amor, fe, mansedumbre y templanza y, cuando eso sucede, ¡te ves hermosa!

Señor, cambia mi tristeza en gozo y haz que mi sonrisa refleje tu amor.

```
                            V
                            Z
                          M F M
                          V E A
                          E L C
                        Á S I I A
                        Q A C M L
                        C S I I E
                      Í U O D S G B
                      Í H N A E R M
                      Q F R D R Í J
P E S P Í R I T U A M O R I P I A F R U T O B Q Q É T I E
  A L E G R Í A E Ü L M Ü S V C P L E T T X Ú Á Ñ Ú É T
      J O Y H P A Z Ü H F A C O Ñ P B E Ú V Q U R V
        M R G R O R A C I Ó N R Ú L E S Á F U J N
          Q E O Ú S G L H M R D N E N P P É B I
              G Z Ñ E O F Z E I A N D E R D
                O O F R Z L Ú A Q I I R Ó
                  C S J V O S G É T C A
                  I I V Q I C U B U I N
                  C G J U U C E N D Ó Z
                C B P E O Ü E I L I N A N
                O D G F U P R B O E D S Í
                R P Ñ Ó V O   Ó R T S A M
              H A J G D H     T A G T D D
              Ó Z K G T         K N Ñ I L
              B Ó Ú                 T T A
            Ó O N                     A M L
            P P                         D Ü
            P                             O
```

1. Corazón
2. Quebrantado
3. Gozo
4. Alegría
5. Felicidad
6. Espíritu
7. Amor
8. Plenitud
9. Oración
10. Sonrisa
11. Alegría (Salmo 16:11)
12. Paz (Romanos 15:13)
13. Regocijo (Filipenses 4:4)
14. Esperanza (Romanos 12:12)
15. Fruto (Gálatas 5:22)
16. Bendición (Proverbios 10:22)
17. Servicio (2 Corintios 9:7)
18. Unidad (Colosenses 3:14)
19. Misericordia (Efesios 2:4-5)
20. Gozo celestial (Lucas 15:7)

*no incluye los versículos bíblicos

BUEN CONSEJO

El egoísta solo busca satisfacer su propio bien;
está en contra de todo buen consejo.

Proverbios 18:1, NBV

¿Te ha pasado que alguien pide tu consejo solo para no hacer lo que sugeriste? En tu opinión, tu consejo era bueno y sabio. ¿Por qué la gente pide consejo si no piensa escuchar? ¿Seremos todos así?

Después de la universidad, yo no sabía qué pasos seguir para buscar empleo. Mis papás vivían en un pueblo chico, así que tendría que salir a alguna ciudad. Llevaba poco tiempo de haber conocido más de Dios, y con temor y temblor le pedí consejo a mi papá. Un poco sorprendido, porque yo siempre había sido tan independiente, mi padre me indicó unas posibilidades para emprender mi búsqueda. Después me dijo: "A fin de cuentas, son algunas sugerencias mías. Pero siempre has hecho lo que tú quieres". En otras palabras, me dijo: "¿Por qué me pides consejo si no me vas a hacer caso?".

Notemos que el proverbio nos indica que el egoísta se opone a todo "buen" consejo. ¿Por qué haríamos eso? ¿Por qué cerrar los oídos a las sabias recomendaciones de un padre, como en mi caso? Santiago 3:15 dice que la "envidia y el egoísmo no forman parte de la sabiduría que proviene de Dios" (NTV). Cuando queramos tomar una buena decisión, escuchemos el consejo.

Es fácil que uno busque "satisfacer su propio bien", pero aun eso no garantiza que sea un bien real y duradero. Consideremos el valor de recibir el consejo de personas con más experiencia y madurez espiritual para guiarnos hacia cosas buenas.

Padre, ayúdame a escuchar el buen consejo.

M M S A B I O Ü Á N

D U U L D E X J N J C Ñ V I

Ó N A O J Í L D U J A Í H O Á L C Ú

Ó H Ñ Z P Í P Ú I X U G X U Á N Ú K A H

R D R T É Ñ M É Q S Ú S K X Á G Í S D Y H H

J E B B B X G C P T Á Ñ R E Q A D V

L Ü Í K Ú Ó Ü F E E I Ñ Q M X J C N Ñ

P Ü Q U L Ü J D R É C F R Y A F E U É S

J I T M Ü Q M Ü Á N V I H J L O D Ñ R L C C

Á Q X Z É I Ñ A T I Z A F X D Ü M U T O F Ó

Ú P D M N Q Ñ A M M M F I B B L I S X R K S Z É

V A Ó K O Ü U L Y D I M C Ñ M M R R Ñ I E L Z T

X L T O U S U D O Y E C M V Á T X X E Ñ Z Z D Ú

T A Ó N Q H Ü A G S P C O N S E J O N Í Á Á Ü C Z C Ó D L H

Q B E Z Y D E C I S I Ó N T I N S T R U C C I Ó N B C V L S

I R S T O C Ú G L R L X Ü O J P R U D E N C I A G E H I Í Ü

O A U D Ó L B Q I D Q K C J Q E I D E H Í O P O I V F B Ó Y

Ó Q C Q S A T I S F A C E R U L T A Ñ Í K A Q Ú J P L R Í N

É V H M Í Ñ T E C C V E R D A D U U Ó Z Ó A Y E Q D K Ó

Ú V A O V R N N S A B I D U R Í A Z H L G G X R R Y

D R I Ú P R O E N V I D I A Y B Ñ Í D O H C Y

Q Ü Ó J A Ú Í O Ü H

O F M C A R É S Ü J

S N G I M B Ü D C T Á J

Í S A B I D U R Í A G V O Q X Q J Ñ Í É S P A L

C C D Q G É Ü C O R R E C C I Ó N É C D Ó Í

C Ú X I K Q H Ó É J Ú X Ñ Ñ N C Ó Ü Q T

É E B X P G O Ú Á T Á Ü F D H C K Q

Q J D T X D B F G U B Ñ U D

Q Y P B H V Y C Y Ü

1. Egoísta
2. Consejo
3. Escuchar
4. Sabio
5. Envidia
6. Decisión
7. Satisfacer
8. Bien
9. Sabiduría
10. Madurez
11. Sabiduría (Proverbios 19:20)
12. Prudencia (Proverbios 8:12)
13. Dirección (Proverbios 11:14)
14. Discernimiento (Hebreos 5:14)
15. Consejeros (Proverbios 15:22)
16. Instrucción (Proverbios 1:5)
17. Corrección (Proverbios 12:1)
18. Palabra (Colosenses 4:6)
19. Justicia (Proverbios 21:3)
20. Verdad (Juan 16:13)

*no incluye los versículos bíblicos

FUNDAMENTO

Con sabiduría se construye la casa;
con inteligencia se echan los cimientos.

Proverbios 24:3, NVI

Mis padres me dejaron como herencia una pequeña casa construida por mi abuelo. En la remodelación, tuve que raspar la pintura de unas siete u ocho capas, resanar agujeros, quitar clavos hincados, volver a pintar y escoger mosaicos y azulejos para el baño y la cocina. Y ahora que ya estoy viviendo en esta casita, ¡cómo la disfruto! Pero tengo un enemigo en contra: ¡la humedad! Mi abuelo no tenía los conocimientos de cómo evitar esta plaga. ¿Sabes cómo se hubiera evitado? ¡Con unos buenos cimientos!

En los tiempos antiguos, se tenía que buscar un lugar en donde hubiera piedras grandes para construir la casa encima. Se necesitaba un lugar con dureza suficiente para que los fenómenos de la naturaleza, no destruyeran la casa construida. Hoy en día se hace un estudio del suelo para saber qué tipo de cimiento se debe usar. ¡La clave para una buena casa son los cimientos!

¿Por qué será que la Biblia habla tanto de los cimientos? Porque Dios se autodenomina la Roca Eterna, Piedra de ayuda, Piedra angular, Piedra preciosa, Piedra viva, Piedra de tropiezo, y quien decida descansar en Él, dará a conocer al mundo su gran sabiduría e inteligencia.

Tu vida y tu alma no tendrán estabilidad si no están sobre el cimiento perfecto que es Jesús. Ninguna tempestad podrá derribarte si, has escogido estar sobre la Roca verdadera. Tu vida emocional, económica, familiar, laboral, intelectual y espiritual será sólida y bien fundamentada cuando decidas escoger a Jesucristo como tu fundamento.

Señor, te elijo a ti como el cimiento de mi vida.
En ti construyo mi existencia.

I C F J P R O T

É C B D I Z Z O Q F K É

Á N H Q D O M X C L F Z É A

Ñ Ñ U T X D Ú S I A Ó C U N B N

Í E S P E R A N Z A E I S R V H Ú O

É P O I N T P H Ñ T Á N Q Y I Z Ü V

F D Z Y A Ú Ñ G Á Q R T D T Z F S M U P

F C V H S A B I D U R Í A J O T J T R A

Ñ I I C O N S T R U I R E G B S B B O L

U M D Q J P I E D R A L S X V I D A B A

J I A F É V E R D A D É T É X V H Y F B

G E S J U Ü Ñ G X J B E A I D Ó L É A R

U N C A U N D A P H Ú Z B D U Ñ Ü M O A

T T A Q B S D I N T E L I G E N C I A S

O S M T I T A Y S O S L G P Í Ó B L

F A Á Ñ P D I M T P U I R M I R K X

E Í H T K U C E G Q D O Ó T J P

M Í T F Z R I N S A C D B Y

E K F S S Í A T D A D I

X U F O A D O T

1. Sabiduría
2. Cimientos
3. Casa
4. Construir
5. Roca
6. Estabilidad
7. Inteligencia
8. Fundamento
9. Vida
10. Piedra
11. Roca (Mateo 7:24)
12. Cimientos (1 Corintios 3:11)
13. Palabra (Salmo 119:89)
14. Verdad (Juan 17:17)
15. Justicia (Isaías 28:16)
16. Fe (Hebreos 11:1)
17. Cristo (Efesios 2:20)
18. Sabiduría (Proverbios 9:10)
19. Vida (Juan 10:10)
20. Esperanza (Colosenses 1:23)

*no incluye los versículos bíblicos

PAZ PERFECTA

El malvado huye aunque nadie lo persiga.

Proverbios 28:1, NVI

¿Quién era Herodes el Grande? Cuando fue nombrado gobernador de Galilea, su brutalidad llegó a ser rechazada por el pueblo judío, aunque seguía teniendo el apoyo de Roma. Para asegurar su reinado, desterró a su primera esposa y a su hijo, y se casó otra vez. Por todos lados veía traidores y conspiradores, incluso en su propia familia. Así que mandó asesinar a su segunda esposa y a sus hijos, y también al esposo de su hermana por conspiración. Y la lista es larga. La Biblia nos relata que ordenó la matanza de los niños en Belén porque no soportaba la idea de que hubiera otro rey de los judíos. Incluso en su muerte fue sádico.

Como sabía que todo el pueblo le aborrecía, al verse afectado por una infección renal, sarna agusanada y gangrena, sabía que nadie iba a llorarlo. Entonces apresó a un grupo de trescientas personalidades importantes para que fueran asaeteados a la hora de su muerte, de modo que hubiera lamento y llanto.

Por la vida inmoral, cruel y despiadada de este hombre, lo reconocemos como un "malvado que huye sin que nadie lo persiga". Isaías nos dice: "No hay paz para los malvados" (Isaías 57:21, NVI). La falta de paz en el corazón de los impíos les hace ver peligro por todas partes.

Nuestra paz interior depende de haber depositado nuestra confianza en Dios totalmente. Otro de nuestros Proverbios dice: "Cuando los caminos del hombre son agradables a Jehová, aun a sus enemigos hace estar en paz con él" (Proverbios 16:7, RVR1960). Si piensas que todos te tienen mala voluntad, que eres criticada o que nadie te quiere, ora al Señor entregándole todos esos pensamientos. Pídele su paz en tu vida y disfruta de todas las cosas maravillosas de las que Él te ha rodeado.

Padre, dame tu perfecta paz.

H S P Y O U C N

Á F Y R C P T M P D R A

É A R E O F O C R B Q P H T U R

H H R Ñ V V L H N U N O É J E C R R E A

R K J U Z E R O E F N M A T A N Z A D F L

Ü E Y A X R E M D I I I O K Í S U I G U V

J Ú P R S B I L K L G A D Ú F A Q D R G R

T X N O X I N V M Z Ú X N A J M J O A I G

F Ü H Y S O A U I I C A R Z D I U R C O Ú

G N G H O D N F P O G C Q A E S E I Z

Á S Ü K U O V B V N O O U A N T S A R

K P Ó N G V F É S R N I Ú T I F V

E M A L V A D O P A F E Á O C M X

S O Z A Á Ú Ó I C I T J S I K

P H H S V S R I A U Ó V A

Í Ú J Q H A Ó N D S Y

R A Ñ G C N Z J B

I S M I C A É

T X Ó É C

U N Í

V

1. Malvado
2. Paz
3. Confianza
4. Conspiración
5. Pensamientos
6. Traidores
7. Matanza
8. Reinado
9. Cruel
10. Proverbio
11. Fe (Isaías 26:3)
12. Confianza (Proverbios 3:5-6)
13. Reposo (Mateo 11:28)
14. Justicia (Isaías 32:17)
15. Quietud (Salmo 46:10)
16. Oración (Filipenses 4:6-7)
17. Gracia (Romanos 5:1)
18. Unidad (Efesios 4:3)
19. Espíritu (Gálatas 5:22)
20. Refugio (Salmo 91:1)

*no incluye los versículos bíblicos

FE VIVA

No te niegues a hacer el bien a quien es debido,
cuando tuvieres poder para hacerlo.

Proverbios 3:27, RVR1960

En México, mientras esperas la luz verde del semáforo, es posible distraerse con las peripecias de algún malabarista o la danza de bailarines ataviados con penachos. Te ofrecerán limpiar el parabrisas o te venderán chicles, jugos, muñecos de peluche y raquetas eléctricas para terminar con los mosquitos. Todo a cambio de algunas monedas.

En una ocasión vi a la conductora de un automóvil obsequiar dos botellas de protector solar a una señora que vendía chicles en una encrucijada. La vendedora tenía un bebé envuelto en un rebozo a su espalda. Pasaban largas horas bajo el sol y afortunadamente alguien encontró una manera de hacerles un bien. Nosotros como familia hemos decidido traer latas de atún en el auto y obsequiarlas en lugar de monedas.

Así como en el libro de Proverbios, Gálatas 6:10 también nos anima así: "según tengamos oportunidad, hagamos bien a todos, y mayormente a los de la familia de la fe" (RVR1960). Algo hermoso se despertó en la humanidad durante la pandemia del covid-19: la generosidad de las personas, ayudando de maneras diversas y creativas. Nos hicimos más sensibles a las necesidades de otros, y los tantos que hemos sufrido pérdidas de familiares y amigos, podemos ser más empáticos.

Hay sabiduría en el refrán: "Haz el bien sin mirar a quién". ¿Has pensado en las diferentes maneras en que podemos hacer el bien? Todos tenemos algo que dar: comida, ropa, tiempo, palabras de ánimo, nuestras oraciones o, al menos, una sonrisa.

Dios, ayúdame a recordar que la fe sin obras es muerta.

G
G E Á
K R N Í F
P A A E Ü F A
C E Y C R H E E M
Y Ú F U I O X É V Ñ I
O Q F O D A S T R X X O L
J B B Ó R A M I E E O E B S I
Á P É É R T R Y D S S P S E S B A
M C O N F I A N Z A T U O P D O E Ú O
S E Ú S G H Ü L S C D I R R E I N K Á Í E
A M O A I Á E Y V Ó M R T R E R H N Á
L P B B R Z S F B O E U A N I L A
V A S I A Z N I N C N N C S J
A T E D É P E I C I Z I A
C Í Q U A N O I D A A
I A U R M D Ó A V
Ó D I Í O N D
N P A A R
E T R
J

1. Bien
2. Generosidad
3. Ayudar
4. Oportunidad
5. Sabiduría
6. Fe
7. Obsequiar
8. Empatía
9. Familia
10. Sonrisa
11. Obras (Santiago 2:26)
12. Confianza (Hebreos 11:1)
13. Amor (Gálatas 5:6)
14. Esperanza (1 Pedro 1:21)
15. Obediencia (Romanos 1:5)
16. Salvación (Efesios 2:8)
17. Gracia (Romanos 5:1)
18. Resurrección (1 Corintios 15:17)
19. Fortaleza (Efesios 6:16)
20. Testimonio (1 Juan 5:4)

*no incluye los versículos bíblicos

AMOR PATENTE

Sus caricias te satisfagan en todo tiempo.

Proverbios 5:19, RVR1960

Una famosa canción que ha sido interpretada por Celine Dion y Barbra Streisand pregunta: "¿Cómo mantienes la música sonando? ¿Cómo la haces durar? ¿Cómo evitas que la canción se acabe tan rápido?". Este proverbio nos recuerda que la manera de mantener encendida la llama del amor marital está en las manos.

Las caricias son algo que todos apreciamos. Un abrazo, un roce, un apretón de manos o una palmadita en la espalda comunican mucho y nos pueden llenar de energía en un momento de debilidad o tristeza. ¿Cuánto más ese contacto físico debe estar presente en la relación voluntaria más cercana que un ser humano puede tener: el matrimonio?

Aunque no lo creas, tu esposo desea tus caricias. Tus manos pueden transmitirle el mensaje que él está anhelando escuchar de ti. En el Cantar de los Cantares, el esposo le canta a la mujer con palabras dulces lo que todas deseamos escuchar. Pero ¿cómo lo enamora ella? Con sutiles invitaciones al jardín donde sus manos hablarán más que sus palabras.

Todas hemos pensado en la posibilidad de que la música se acabe. El divorcio es hoy tan común que quizá no lo veamos como una tragedia, pero Dios lo ve de otro modo. Podemos hacer que la música perdure si, entre otras cosas, estamos dispuestas a ser cariñosas. La canción mencionada dice al final: "Si podemos ser los mejores amantes y aún ser los mejores amigos, si podemos intentarlo todos los días... entonces supongo que la música no terminará". Que así sea.

Señor, que mis caricias demuestren mi amor.

R L U O G K Á Ü Á E Á G G P Ñ I B D O Ñ

Ó R E L A C I Ó N S K Z T S E T R Y I Ñ

N G N Í Ó G P Q E L E T P A N R C A N C

Ñ É E Z Á M D Z É F Á R Q C S E D O K A

Ñ Á F V Ú S Ü A S Ó Ü F V R Í A Í Ó G R

C H R Á C O M P A S I Ó N I E N Á M N I

J F U S G K Á U L R P X X F V C I S Q D

F Ü T G Z C Í M E R D V K I S I Ü A X A

A M O R V E R D A D E R O C G Ó O M U D

I E D B O I É S E T Ó Ü I I C P Í Ú Ó V

X P E Ó B A M O R C R U A O Í Á Ú S C T

S B L F R I Ñ É G H Í I Ú F T P T I A E

K P E Ü A E O B O D T H M Ü M F Ú C R S

Ó U S Q S N L O Ü Y I R J O A T P A I T

Y Ó P R Z E Q N M É S V T É N V S Ú Ñ I

M N Í S Ó R J D S J I T O M O I P Y O M

Ó Ú R J H G Ü A Y B Ó E Ü R S B O C S O

E F I N M Í D D I M C A R I C I A S A N

Y L T M D A Ú Ñ B H Ñ E O B V I E Á S I

P R U C A N T A R D M Í U Ó O N O Z P O

1. Caricias
2. Amor
3. Matrimonio
4. Manos
5. Relación
6. Cariñosas
7. Divorcio
8. Energía
9. Música
10. Cantar
11. Amor verdadero (1 Juan 3:18)
12. Caridad (1 Corintios 13:13)
13. Obras (Santiago 2:15-16)
14. Sacrificio (Juan 15:13)
15. Servicio (Gálatas 5:13)
16. Compasión (Colosenses 3:12)
17. Perdón (Efesios 4:32)
18. Bondad (Romanos 13:10)
19. Fruto del Espíritu (Gálatas 5:22)
20. Testimonio (Juan 13:35)

*no incluye los versículos bíblicos

COMPARTIR SABIDURÍA

¡Escuchen cuando la Sabiduría llama!
¡Oigan cuando el entendimiento alza su voz!

Proverbios 8:1, NTV

¿Sabías que hay lugares en el mundo donde no se conoce de Jesús ni de la Biblia? Se calcula que de las seis mil quinientas lenguas del mundo, solo tres mil trecientos cincuenta tienen una parte de la Biblia traducida. ¿Cómo escucharán de la Sabiduría?

Los moradores de cierta tribu tenían la creencia que, en algún tiempo no lejano, llegarían personas para enseñarles a adorar a un Dios maravilloso. El jefe de la tribu esperaba con anhelo ese momento, pero murió sin ver cumplido su deseo. Su hijo tomó su lugar y, después de algunos años, llegó a la isla un misionero con su familia. Cuando el jefe de la tribu oyó y comprendió el mensaje de la Biblia, les preguntó: "¿Por qué tardaron tanto en llegar? Mi padre los esperaba ansiosamente y murió sin conocer su mensaje".

Algunos llaman al capítulo de Proverbios 8 la "sabiduría personificada en Jesús". Describe lo que Cristo hizo durante el tiempo de su ministerio: llamaba y clamaba en las calles y los montes, tratando de convencer a los hombres del amor de Dios. Sus labios hablaban lo correcto y su boca expresaba la verdad. Como el misionero más grande de la historia, el Señor Jesucristo se interesó por el mundo perdido y le dio auxilio. ¡Pero se fue! Entonces, ¿se acabó su obra? ¡No! La encomendó a aquellos que ha salvado para que sean su voz.

Tú y yo oímos la Palabra de la Sabiduría y la hicimos nuestra. Nos hemos convertido en misioneras también. Somos las que bendeciremos a otras mujeres con su mensaje. Hablemos hoy a quien podamos y donde podamos.

Señor amado, abre mi boca para que tu sabiduría alcance a otros.

V E R D A D K B Ñ N B R Q M
Q D E H E B C Ü A T I Ñ J Á M H
G V K U N Á N R A O Í Á N M Z I B Í
Y R M E Ú K T Z K Q C L A B I O S É D A
F E E L N V Ó E C F R E F L E X I Ó N U
K E G P S T S D N M H T J J R Ñ O R G Í
R R M Í R J E A N D Á Y C A Y Ú N U A K
P Ú Á S I E L N B S I N N C M M I E R I Q
J O I Ü J N N D D I A M V D O C T R I N A
R J O Y Ü S S I I D B I E R Á J O Í V
E T I S M U I E R
D Q D Í Q B N R Ó C I R D N A S G K N
M E N S A J E É S U N I E Í U T C I É U Ú
J J Q Z Q S Y Q E E C K P N A R O I Z P Ú
Ü A Ü X X Ü B H Q Q Ñ C I U T Ó Í Á D O L
Ó X E S C U C H A R A I K L O I A N A G
M I S I O N E R A S G N Ó U A D C Y J D
Ó É F Í Ñ N S M M V H Í Z N Q D N Q N O
A Z É V Y T L S A Ó B V A N Q O Y M
U K E Ñ Q Ü Ó G T R I B U X H C
C O N S E J O O F S V M N A

1. Sabiduría
2. Entendimiento
3. Escuchar
4. Mensaje
5. Misionero
6. Labios
7. Tribu
8. Verdad
9. Amor
10. Misioneras
11. Instrucción (Proverbios 4:2)
12. Consejo (Proverbios 12:15)
13. Sabiduría (Proverbios 1:5)
14. Entendimiento (Proverbios 2:6)
15. Doctrina (2 Timoteo 3:16)
16. Enseñanza (Mateo 28:20)
17. Reprensión (Proverbios 9:8)
18. Discipulado (Mateo 28:19)
19. Veracidad (Proverbios 23:23)
20. Reflexión (Salmo 119:97)

*no incluye los versículos bíblicos

LEALTAD

El chismoso anda contando secretos;
pero los que son dignos de confianza saben guardar una confidencia.

Proverbios 11:13, NTV

Barack Obama tuvo que guardar un secreto de su esposa Michelle cuando fungía como presidente de los Estados Unidos. La pareja presidencial se encontraba hospedada en el palacio de Buckingham en una visita al Reino Unido. Una noche, mientras el presidente preparaba su discurso en una de las habitaciones, se acercó uno de los mayordomos para darle un aviso: "Señor presidente, hay un ratón en el baño". El entonces mandatario hizo una petición: "No le digan a la Primera Dama".

"Tarde o temprano, todo se sabe", dice la sabiduría popular. Michel Cox coordinó una encuesta con tres mil mujeres. Los resultados arrojaron que el tiempo promedio que tarda en revelarse un secreto es de veintidós minutos. Algunas podían guardarlo un máximo de dos días. Según el estudio, las nuevas tecnologías favorecen la indiscreción de las personas. Benjamín Franklin sabía de este problemita cuando dijo: "Tres podrían guardar un secreto si dos de ellos hubieran muerto".

El proverbio de hoy nos dice que hay dos tipos de personas: los chismosos y los dignos de confianza. Alguien que comparte con nosotros un secreto está demostrando su amistad y confianza. La mejor manera de corresponder a eso es saber guardarlo. ¿Alguien te ha fallado alguna vez contando lo que le confiaste? La persona se siente avergonzada y defraudada.

Apliquemos la regla de oro: "Haz a los demás todo lo que quieras que te hagan a ti" (Mateo 7:12, NTV). Recuerda que cuando uno hace algo en repetidas ocasiones, vamos creando hábitos y, también, una reputación.

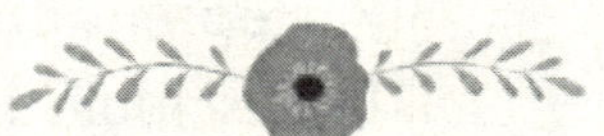

Señor, quiero ser digna de confianza. Ayúdame a tener un espíritu fiel.

E Ñ A P F X A X T S
Q S I G E R É L Z B Á G C É
U Ú J D C H I S M O S O F P C K M K
C O M P R O M I S O Q S F Ú T H L B C M
S J R Ú K C Ñ J É Ü N K Z G H S A A Ú J J C
A Q J M Ñ D   N A U G D S   M L B C O A
D I G N O S Á   B A D I A G   C E U Ü N Y
A C Ü É Ó O N   Z F Z Ü M Q   O A V E F M Á
É I O E Ü H Í T   U A G T I O   M L Q R I R O D
P I N C Á T B X   C E Z R S R   P T V E A G P L
Í B N F Ú V P O M   X O T J T P   A A E P N X Z Q J
C Ó D I R H B Á F   R Ñ N Y A V   S D R U Z L S C S
B R I A C O O F U   E E V S D A   I A D T A J I S E
A L S N D I X N S K D Ú O S G A T Q É Y T Ó D A A S I N D C
O I C Z X A Z G E C S I H A P N L A A Ü Á N I D C Z Á C D R
Z V R A L Y G Í Í S O K Ñ Ó R Í B X N G C E O Ñ I M E E G E
Q N E A G S Q L Q D T Z J J M Q R É H C I A S Ú Ó E R R N T
I T C Ñ V O L Q G Á I I J B T Ñ K I Q Q I S Í Y N I R I P O
J X I J U   Ú P E J Ü T D X Ó A V U T F U A H H   Ü Q D K S
G Ñ Ó Y Ú   D Í N P P E A L F I E L U Í É D   L B A F U
M N D J   C L A V E X D Y T N H H Í X Ó   C R D K
U X S O C   Ü S Í Y S
C Ü F D B   T K D I P
C U C Í O O   M X E M É Í
U T A M I S T A D V E R D A D E R A G D Ó T R Q
L Z G U A R D A R P K Ú I Z É É Z Z Í Á A B
G K T F I D E L I D A D Ñ O E K N E X P
K T S N K A V T G R I M X Ü Ü R I Ó
T V B P O Y D Q Ó Ó Q Ñ Z Ñ
I Ú A Á A Z K B C Y

1. Chismoso
2. Secretos
3. Confianza
4. Dignos
5. Guardar
6. Reputación
7. Amistad
8. Indiscreción
9. Fiel
10. Espíritu
11. Fidelidad (1 Corintios 4:2)
12. Lealtad a Dios (Deuteronomio 6:5)
13. Compromiso (Josué 24:15)
14. Sinceridad (Salmo 15:1-2)
15. Confianza (Proverbios 3:5)
16. Constancia (1 Corintios 15:58)
17. Verdad (Salmo 33:4)
18. Amistad verdadera (Proverbios 17:17)
19. Honestidad (Proverbios 12:22)
20. Compasión (Colosenses 3:12)

*no incluye los versículos bíblicos

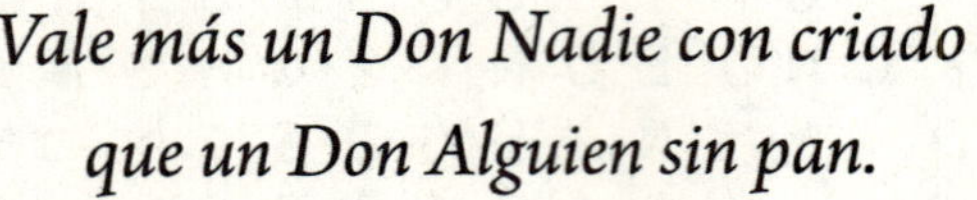

BUENA ADMINISTRADORA

Vale más un Don Nadie con criado
que un Don Alguien sin pan.

Proverbios 12:9, NVI

La mayoría de los problemas financieros se deben a la mala administración del dinero. Si analizamos la vida de personas famosas que se han declarado en bancarrota, descubriremos que estuvo llena de derroche. Así que, cuando les llegó una situación de emergencia, no pudieron solventarla.

Uno de los grandes boxeadores de todos los tiempos es Mike Tyson. Es famoso por ganar la mayoría de sus peleas por nocaut en los primeros asaltos. Ha ostentado varios títulos y récords pugilísticos a lo largo de su vida y ha participado en varias películas. Fue incluido en el Salón Internacional de la Fama del Boxeo en junio de 2011 junto a Julio César Chávez y Rocky Marciano. Durante toda su carrera como boxeador, ganó cerca de trescientos millones de dólares. Pero su vida ha sido un desastre. Adicto a las drogas, a la vida nocturna desenfrenada y a la promiscuidad, Tyson gastaba cuatrocientos mil dólares al mes. Por si fuera poco, en el año 2003 enfrentó una deuda de veintisiete millones de dólares (la mayor parte en impuestos) y se declaró en bancarrota, perdiendo su casa. ¡Un gran Don Alguien sin pan!

El significado de nuestro proverbio se puede resumir en esta frase del apóstol Pablo: "El que no provee para los suyos, y sobre todo para los de su propia casa, ha negado la fe y es peor que un incrédulo" (1 Timoteo 5:8, NVI).

Conozco a muchas mujeres que quizá no son famosas, pero han provisto para su hogar. Hay algunas que incluso han dado parte de su dinero a otros como una ofrenda de amor. ¿Con quién te identificas? ¿Eres un Don Nadie o un Don Alguien?

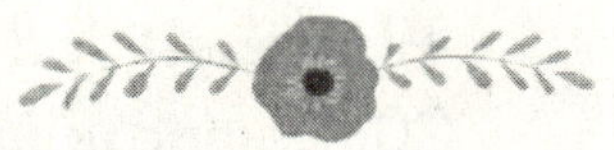

Señor, que sea sabia en el uso de mi dinero.

```
R
J
G U H
F S O
I T N
M D I E X
G E C S Í
G L I T I
Ü T I A I Í R
S G D Ó D Z D
L Ü A Ó A Ú Ñ
C O S Y D T D I N E R O N D Z D P V P E R E Z O S O M U H
Ñ L I D E R A Z G O X V R E S P O N S A B I L I D A D
Ó M Ú R A E D V Q E Q U I L I B R I O N K N O
P V G R B I Í U Q D Y S S M A I K H Ú S M
A U O O A N Ú Z I C A E Ú N N T H J B
Ó I C J O V L O B R N C T R Ú
Ñ E H O Y I R I V Ú A E V
D Ñ E P G D D I S R G
T E S Í E U U C O R R
P P É S N R R I É O I
C R I T D C A Í O X T D F
N O N C Ó I U A C É A A H
F V Z Ü Q A V P O Ñ D M
O F E B P F Ü T S J L Ñ
T Í E K Z A Á E X U
Y X R G C Ó
G Á D Ó H Y
Á M R A
D A
```

1. Bancarrota
2. Dinero
3. Derroche
4. Trabajo
5. Perezoso
6. Cosecha
7. Sabiduría
8. Proveer
9. Fidelidad (1 Corintios 4:2)
10. Responsabilidad (Lucas 12:42)
11. Cordura (Proverbios 8:12)
12. Honestidad (Proverbios 12:1)
13. Justicia (Proverbios 21:3)
14. Diligencia (Proverbios 22:29)
15. Integridad (Salmo 25:21)
16. Servicio (Mateo 25:21)
17. Equilibrio (Proverbios 16:11)
18. Liderazgo (Proverbios 24:3)

*no incluye los versículos bíblicos

COMO HORMIGA

Cuando es tiempo de arar, el perezoso no ara;
pero al llegar la cosecha, buscará y no encontrará.

Proverbios 20:4, DHH

Es muy común en México ver a personas subir a los autobuses y pedir dinero contando historias conmovedoras. En una ocasión, subió un hombre y dijo que tenía una hijita en el hospital y que, a pesar de que trabajaba duro, no tenía lo suficiente para comprar un medicamento. Contó la historia con mucho sentimiento y la mayoría de las personas le dimos dinero para el medicamento. Cuando bajó del autobús, la persona que estaba a mi lado me dijo: "Encuentro seguido a este hombre en los autobuses pidiendo dinero y cada vez su historia es diferente. Ahora fue su hijita; ayer fue su abuelita".

Todos hemos sentido pereza en algún momento, pero ojalá que no sea nuestro estilo de vida. Pienso en las personas que ni siquiera buscan una excusa para vivir perezosamente y han hallado la manera de vivir a costa de los demás.

El perezoso no trabaja cuando debe hacerlo. Nuestro versículo no sólo habla del fruto que puede disfrutar una persona como recompensa de su trabajo en forma inmediata. También habla en sentido figurado del tiempo de la vejez. ¿Qué harán los perezosos cuando envejezcan? ¿Habrá alguien que les dé después de que desperdiciaron su vida viviendo de los demás?

No sabemos lo que pasará en el futuro. Estamos confiadas en que nuestro Dios siempre provee para nuestras necesidades, pero eso no quiere decir que no trabajemos. Si ponemos manos a la obra, el Señor bendecirá el fruto de nuestro trabajo con creces y aún nos alcanzará para nuestra vejez.

Señor, líbrame de la pereza.

B U R Á S I Ü B
T K E P E Z G G Ú S Í É
Í D Ñ X L E C F E S F U E R Z O
Ñ Ú F Á C A Ó R O Á Á S O Y K O A L J B
Í L H P U B V C S M N E C E S I D A D E S
T G X E S O Y U O I P E V E J E Z H E Ó É
C Ú X R A R Z O D S S E T R A B A J O M J
Í P R E V I S I Ó N E T N T R A B A J O E
C T Ñ Z I O J J Y B X C E S T Ú L J D A Z
D C O N S T A N C I A H N A S R Ú P C
A É S Ü I H I S T O R I A C L Ü K N Y
I O P D C D M Ú Í T Á X R I Y G V
Á T R A D I L I G E N C I A A Ú L
Y E D T S A B I D U R Í A B S
O R G A N I Z A C I Ó N P
O B E N D I C I Ó N Í
A U T O N O M Í A
N H S H H E F
Ú G I S Ü
L Z Ó
O

1. Perezoso
2. Cosecha
3. Trabajo
4. Historia
5. Excusa
6. Recompensa
7. Vejez
8. Necesidades
9. Bendición
10. Sabiduría (Proverbios 6:6)
11. Trabajo (Proverbios 6:7-8)
12. Laboriosidad (Proverbios 30:25)
13. Previsión (Proverbios 6:8)
14. Esfuerzo (Proverbios 30:25)
15. Organización (Proverbios 30:27)
16. Persistencia (Proverbios 6:6)
17. Autonomía (Proverbios 30:25)
18. Diligencia (Proverbios 12:24)
19. Constancia (Proverbios 30:25)

*no incluye los versículos bíblicos

DUDAS

Así podrás conocer la verdad

y llevar un informe preciso a quienes te enviaron.

Proverbios 22:21, NTV

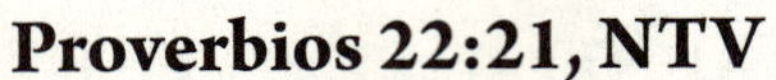

Una reina africana llegó con un gran séquito de sirvientes y una enorme caravana de camellos cargados con oro, piedras preciosas y especies. Esta muestra de grandeza iba de la mano con el monarca que iba a visitar. La reina de Saba se había enterado de la fama de Salomón y fue a visitarlo para ponerlo a prueba con preguntas difíciles. ¿Qué le preguntó?

Tal vez inquirió por los misterios de la naturaleza. Quizá habló de las cuatro preguntas vitales que todos debemos responder: de dónde venimos, para qué existimos, quién decide lo que está bien y mal, y qué pasa después de la muerte. La Biblia nos dice que Salomón tuvo respuestas para todas las preguntas que ella le hizo y nada le resultó demasiado difícil de explicar. Ella quedó atónita.

El proverbio de hoy nos recuerda que Dios tiene las respuestas a todas nuestras interrogantes. Como la reina de Saba, necesitamos buscarlo y hacer nuestras preguntas. Si no lo hacemos, nada averiguaremos. Estoy segura de que cuando escuchemos lo que Dios tiene para decir, diremos como la reina: "¡Todo lo que he oído de ti, Señor, es cierto! Tu sabiduría y prosperidad superan ampliamente lo que me habían dicho".

La reina de Saba regresó cargada de regalos generosos y llevó un informe de regreso a su tierra: en Israel había un rey con un Dios increíble. Tú y yo podemos conocer a ese Dios. Habla con Él de todo lo que tengas en tu mente y así podrás conocer la verdad.

Señor, disipa mis dudas.

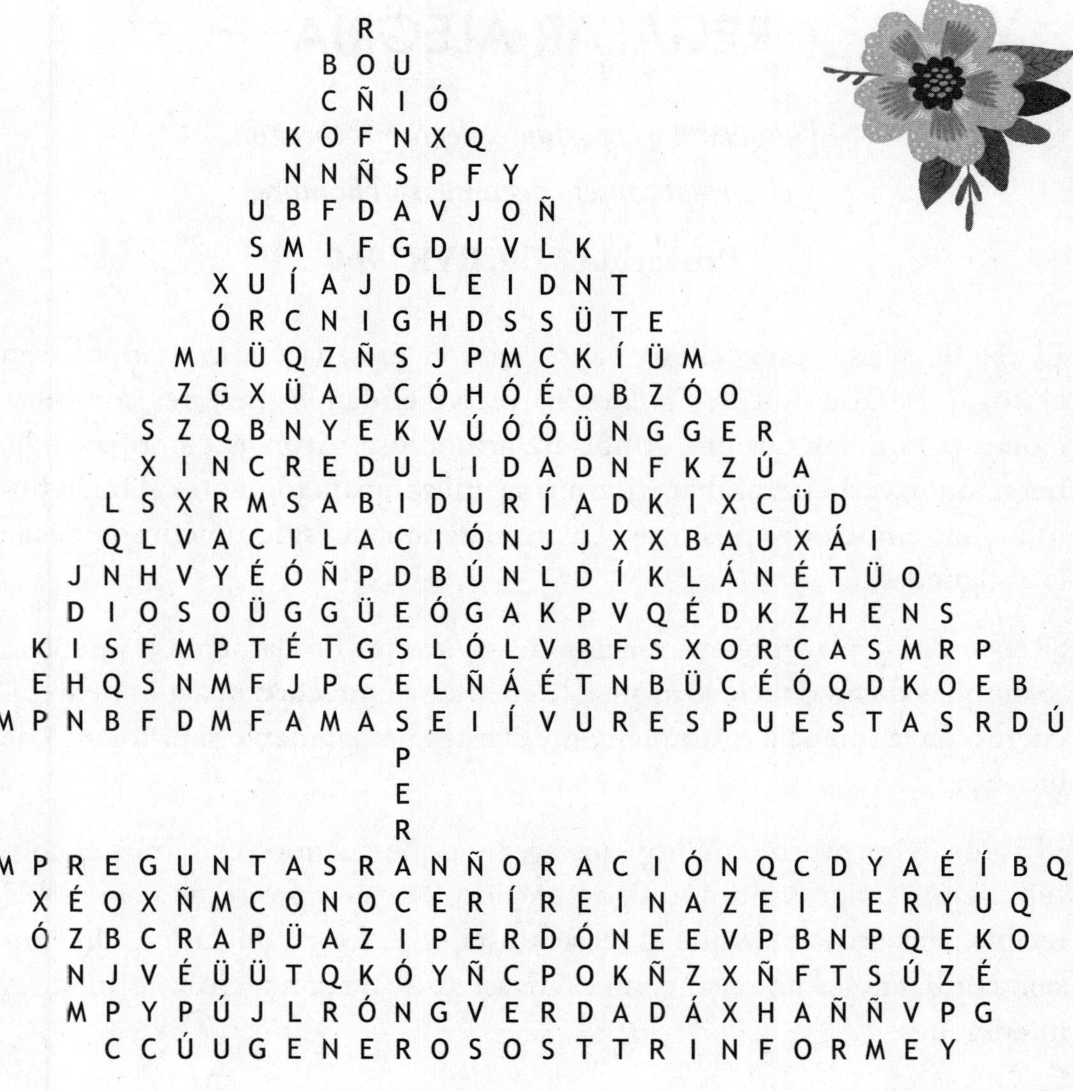

1. Conocer
2. Verdad
3. Informe
4. Reina
5. Sabiduría
6. Preguntas
7. Dios
8. Respuestas
9. Fama
10. Generosos
11. Incredulidad (Marcos 6:6)
12. Desconfianza (Santiago 1:6)
13. Temor (Mateo 28:5-6)
14. Perdón (Mateo 21:21)
15. Vacilación (Santiago 1:8)
16. Desesperación (Marcos 9:24)
17. Oración (Marcos 11:24)
18. Confianza (Salmo 56:3)
19. Temor a Dios (Proverbios 3:5)

*no incluye los versículos bíblicos

REGALAR ALEGRÍA

El ungüento y el perfume alegran el corazón,
y el cordial consejo del amigo, al hombre.

Proverbio 27:9, RVR1960

El uso de aceites esenciales y vaporizadores es cada vez más popular en el hogar. En YouTube, los *influencers* recomiendan las mejores combinaciones para mantener una atmósfera armoniosa. Aromas como lavanda, bergamota, verbena, azahar y jazmín se utilizan para fomentar el buen humor y las emociones positivas. La aromaterapia ha sido practicada desde la antigüedad.

¿Recuerdas la placentera sensación de aspirar profundamente y, mientras te inundas de un delicioso aroma, tu mente se conecta con algún bello recuerdo de la infancia o simplemente sientes un agradable sentimiento de bienestar?

El autor del proverbio de hoy nos asegura que cuando recibimos el consejo de un amigo sentimos algo parecido. No siempre resulta agradable recibir consejo. Parece que el secreto está en la forma de darlos. Un consejo cordial no es un regaño, no es invasivo. Se da con tacto y las mejores intenciones.

Si quieres que el efecto de tu consejo se parezca al de un plácido aroma, toma con sumo cuidado la forma en que lo das. Y si quieres llenarte hoy de un aroma cálido que te traiga tranquilidad, escucha el consejo de un amigo.

Señor, que mis palabras siempre puedan brindar alegría al corazón de mis amigas.

Señor, que mis palabras siempre puedan brindar alegría al corazón de mis amigas.

Q M Q A T C Á L E J S X É A T S Ñ L U H
Ú R Ú D F M V R R R Ó P Z R R X Á É I Y
U M E O Í Ú Í X O K D Ú N O A É Ó F P U
J O D C B G X X A M É A Z M N Ü H R E D
Á J É T U N R V A M O R D A Q U U Ü R A
Í C B O O E É N Á M Z Ú V T U N F C F C
C F U E F U R A F R L C G E I G E O U I
D A Y Ñ N Á F D Á Y K Í Ó R L Ü L R M É
B J N Ú Í D G G O G C I P A I E I A E R
I M F T K G I Ü R F C Ü A P D N C Z I A
E X O B O I Q C L A I É Z I A T I Ó M G
N Q Ñ Z Ú Ñ H H I A C F A A D O D N O G
E S X U Á O M D Ñ Ó M I O L T K A N L Ü
S Q Ú C O N S E J O N I A Ó A H D Í X H
T Q Q O F G G J K X Z R G L T B Q Ü Ñ L
A Y P R U A Á R A D V Í Y O N Ñ A Z K E
R Y O J Ú Á B E S P E R A N Z A M N H Ñ
S B N G E N E R O S I D A D E K C R Z L
C R Y I Í R C O R D I A L Z M R S H J A
T É G Q G G O Z O E Á Y Ú G I T Í Ñ Z Á

1. Ungüento
2. Perfume
3. Corazón
4. Consejo
5. Amigo
6. Aromaterapia
7. Bienestar
8. Recuerdo
9. Cordial
10. Tranquilidad
11. Gozo (Nehemías 8:10)
12. Bendición (Proverbios 11:25)
13. Gracia (Efesios 4:32)
14. Alabanza (Salmo 100:1-2)
15. Esperanza (Romanos 15:13)
16. Paz (Juan 14:27)
17. Amor (1 Corintios 13:4-7)
18. Generosidad (2 Corintios 9:7)
19. Felicidad (Salmo 144:15)
20. Canto (Salmo 95:1)

*no incluye los versículos bíblicos

CONFIANZA TOTAL

Fíate de Jehová de todo tu corazón,
y no te apoyes en tu propia prudencia.

Proverbios 3:5, RVR1960

Invité a un par de amigas a desayunar en casa. Serví la comida en una preciosa vajilla con filos dorados que nos dieron como regalo de bodas. Metí al microondas un platillo que ya se había enfriado y una de mis amigas, al notar el borde metálico del plato me aconsejó no hacerlo. No tomé en cuenta su advertencia y como era de esperarse empezaron a salir chispas.

A veces hacemos las cosas a nuestro modo porque pensamos que es la mejor manera. Podemos recordar a Abraham y Sara, que pensaron que la forma en que Dios les daría descendencia sería a través de su sierva. Hicieron las cosas a su modo y las consecuencias fueron muy tristes para Sara, para Agar y sus descendientes que han estado enemistados hasta el día de hoy. Dios tenía un mejor plan; solo tenían que confiar y esperar.

El Salmo 37:5 es uno que conviene memorizar: "Encomienda a Jehová tu camino, y confía en él; y él hará" (RVR1960). Confiemos plenamente en que Dios desea siempre lo mejor para nosotros. La impaciencia a veces nubla nuestro entendimiento como cuando metí aquel plato en el microondas. Así es como Rita hizo oídos sordos al consejo de: "No os unáis en yugo desigual con los incrédulos", solo para convertirse años más tarde en una esposa maltratada y engañada. O el caso de Roberto, que cuando leyó "no miréis el vino cuando rojea" le pareció una exageración. Pensó que tomarse unas copas de vez en cuando no lo iría convirtiendo en el alcohólico en que se convirtió, perdiendo salud, trabajo y familia.

Dios no quiere ver nuestras vidas quemadas y marcadas por las chispas del pecado. Seguir todo el consejo de Dios es la mejor manera de demostrarle tu amor y tu confianza.

Encomiendo mis planes a ti, Dios. Espero y confío en ti.

V T U E Z Ó B F Z G S Ü Ñ T
P I R Í B J K O Q I F M T Ñ C Ü
P O C E A F F P B Ñ D Í E G N Ó G Ñ
Ü Q Ñ K O S N Ü Ü N L E A E P Ú D O L A
G N Ü A E N P Q S Á Á L T L Z É Í D Í R
J Ó S P O N F E U A Ü I E U Ñ V Ñ L O Y
O G Ñ Q R D T I R I Í D B U G V H É F Y
H O U Y I U E E A A L K A S O S T É N X E
P G U Í A Y D S N R N I D U K V É P T I F
U S C U Q Y E C D Ú Z D O P O Z V L T
C J N E I Í A A C
Á R E F U G I O C N M D Ñ D Ñ A P K É
J Ú C O N S E J O G I D I Ü V I D R P O L
E S P E R A R H Í V Ü A E E X K Ú O L X A
Ü Ñ Á Ü C Á F A Í A M O U N N Z U T A Ü C
Í J Y H O B Z Ü É M Q L L C T B E N Ñ T
S E G U R I D A D P É B M Á I O C Á R Ú
R S O F A U I F E A Ñ N N A P A C Ú Í Z
G O Ü Z Ú A Z I R V Z Z O K X I N T
P Y Ó A G G J O A P O Y E S Ó Q
Ü B N X Z V Ü S Y S O S N X

1. Fíate
2. Prudencia
3. Descendencia
4. Corazón
5. Apoyes
6. Consejo
7. Confiar
8. Esperar
9. Plan
10. Entendimiento
11. Fe (Hebreos 11:1)
12. Seguridad (Salmo 4:8)
13. Esperanza (Romanos 15:13)
14. Fidelidad (Lamentaciones 3:23)
15. Protección (Salmo 91:2)
16. Amparo (Salmo 18:2)
17. Refugio (Salmo 46:1)
18. Guía (Proverbios 3:5-6)
19. Sostén (Isaías 41:10)
20. Tranquilidad (Filipenses 4:7)

*no incluye los versículos bíblicos

CAMINAR HUMILDE

Hay seis cosas que el Señor odia...
los ojos arrogantes...

Proverbios 6:16-17, NTV

"Ruin arquitecto es la soberbia; los cimientos ponen en lo alto y las tejas en los cimientos", escribió Francisco de Quevedo. La soberbia o la arrogancia es el sentido de superioridad de una persona sobre otra y realmente ¡sugiere la bajeza de quien la posee! Hemos oído del racismo en los Estados Unidos donde el color de piel hace una clara distinción. ¿Y en nuestros países latinoamericanos? Creo que los grupos más marginados están formados por los pueblos originarios de nuestros pueblos.

El autor de Proverbios insiste: "el Señor odia... los ojos arrogantes". La arrogancia se define como: "altanería, soberbia o sentimiento de superioridad ante los demás". Esta actitud es todo lo contrario a la del patriarca Moisés, quien "era muy humilde, más que cualquier otra persona en la tierra" (Números 12:3 NTV). Cuando sus hermanos Aarón y Miriam lo criticaron por casarse con una mujer cusita, Dios se enojó y castigó a Miriam convirtiendo su piel en blanca y leprosa.

Los cusitas eran de ascendencia africana, probablemente etíope y posiblemente de raza morena. Moisés clamó al Señor: "¡Por favor, no nos castigues por este pecado que tan neciamente cometimos!" (Números 12:11, NTV). Ante la arrogancia de sus hermanos, fue humilde y tomó responsabilidad parcial por el pecado. Suplicó a Dios que sanara a Miriam y su petición fue contestada.

¿Alguna vez nos portamos con soberbia y superioridad? Quizá hayamos despreciado a alguien por tener menos estudios, por ser extranjero, por ser más pobre o por tener alguna discapacidad. Si es así, confesemos nuestro error. Las que somos mamás o maestras, inculquemos en los hijos o alumnos el respeto hacia los demás.

Padre, ayúdame a reflejar la humildad de Cristo en mi andar diario.

D H Q M É R F O J Ó
D Ñ H F T P S R O X M É Ü L
B Y Ú O B U F E K E G Á Q C Ü D E E
F L J Y A D B Á C Í C O N F E S A R J P
Ñ G A B Á M X I J A R O U S O B E R B I A Q
Í Y O Á J R A D C N Z Z V O Ü F B S
É G Í T V L E Á O G O Ñ U M Y I L H E
B F Ó Z A B S H Q F C I I O V H F T N M
C H Z L Ñ P I P U Í O I I H N M V A Y C V F
K U X Y Í C G E M D C M Ñ I I M R S C I U L
K Y B S M A R Y T I Í K I H B P G N U L L A Ó Z
G V A P Á L Í Y O L I J E Y L Z E Á M I L Ñ M S
P L A R Á Ú T A Z D C X N K N S C D I M E Ü C Z
S Ü H Ó Y Ú I D O Ü N T A L H T J U Y D Q I S Ñ S P Z K Q Í
Ú Y R Ú N M C A U Z I X D I K O V X N R É Á U V I I M Z T Y
C Ú Y B Í T A S U P E R I O R I D A D L É C Ú C Ó E Ú S Ú R
J L J T M A N S E D U M B R E D C Y G K F Í Q J N Z A C É Q
G T U G É N S T I Z Ú S Í F S E R V I R A E É F Í A Ó M C F
D R N Q P S L T I Ñ A S O Ó D É Y D H X P Á J D Ó V D N
O J A V H J Ó H U M I L D A D O Á J Ñ D J Q Ü S B C
Q T C C Ú Y N U Ú E Q Á Y H O P T F U Z O R R
N K Ñ I O Ú K H N A
Q X Í A Q K V N V F
Z Z R G Ü Y U Ü C Ú Ñ P
Q O B E D I E N C I A I C I L C Á Y Ü Ñ Z Í C É
O E T F Y M A R R O G A N C I A B Ú Ü X V D
S T O Ó Ü Ü P A C I E N C I A N B Ú M F
I C J N Ú Q Á U U U X N B O P E I B
S O I É L V Á A I E S M L F
S Y É I P G Q Ü B G

1. Ojos
2. Odia
3. Arrogancia
4. Soberbia
5. Superioridad
6. Humildad
7. Pecado
8. Crítica
9. Respeto
10. Confesar
11. Humildad (Filipenses 2:3)
12. Sencillez (Mateo 11:29)
13. Servir (Marcos 10:44-45)
14. Obediencia (Efesios 6:5)
15. Sumisión (1 Pedro 5:5)
16. Mansedumbre (Mateo 5:5)
17. Paciencia (Colosenses 3:12)
18. Gracia (Santiago 4:6)
19. Limpieza de corazón (Mateo 5:8)
20. Reconocimiento (Proverbios 15:33)

*no incluye los versículos bíblicos

GRACIAS POR LA VIDA

En verdad, quien me encuentra halla la vida
y recibe el favor del Señor.

Proverbios 8:35, NVI

Al estar escribiendo estas palabras, he sabido de muchos de mis conocidos que han enfermado por el covid-19. Algunos han muerto ya. Una doctora mencionó que, con este virus, debemos estar preparados para perder a alguien de nuestra familia. Algunos, seguramente, piensan en dar todo lo que tienen con tal de no perder la vida propia o a alguien amado.

¿Qué tan desesperada estaba por sanidad cierta mujer, que se expuso al rechazo e incluso a que la apedrearan por "contaminar a los varones" con su enfermedad? La Ley de Moisés decía que una mujer en su tiempo de menstruación no podía salir de su casa. Pero ella había estado encerrada en su casa doce años por ese flujo que no quería parar. Había gastado todo lo que tenía en médicos y nadie le había ayudado, hasta que ¡encontró a Jesús!

Para ella, encontrar al Señor Jesús fue encontrar la vida, literalmente. Había encontrado a la sabiduría humanada, al Dios hecho hombre que le mostró su favor ¡y la sanó! Las mismas palabras del proverbio de hoy parecieran salir de la boca del Señor Jesús cuando dijo: "Yo soy la resurrección y la vida" (Juan 11:25, RVR1960).

Nosotras hemos encontrado al que es la vida. Un virus, un flujo de sangre, un cáncer, o cualquier otra cosa, no lo han podido detener. Él sigue dando vida ahora. Tenemos ejemplos de gratitud en nuestra congregación de quienes han recibido el favor del Señor, triunfando sobre el covid-19 y sobre otras enfermedades de muerte. Pero la mayor victoria es cuando un pecador se arrepiente y gana ¡la vida eterna!

Padre, en ti encuentro la vida. ¡Gracias!

O
R
M G R
J R E
V A V
É D T E M
R P I R Ñ
O Ú T E V
Í L Á U N E J
Ú Ñ L D C U J
Á O G B I T A
A D O R A C I Ó N L S G O J K A B E N D I C I Ó N Y E N V
J Y L G E N E R O S I D A D M B M U V Y D R R H I G D
K J C Ó Ü X F G E N F E R M E D A D F A V O R
E Á R P L Í B G R A C I A C D N B F N Y A
B H É D N Ú S A B I D U R Í A Ñ Ñ S X
R E S U R R E C C I Ó N U G A
Q F M Í D M S G G S A N Ó
P J A A E E A C A Ú Y
G T A E L S L N Ó Í A
R C F Q E A E O I D L
B A V O O H T B S G D Ó V
E T I H Ñ Q O E A P I A N
G I D T C R N R N E O D
D O T A V Ó O N Z R Á S
Z Z U S J R A A A Á
F O D X É D
L L U Z I A
U V P E
É D

1. Vida
2. Favor
3. Sanidad
4. Gratitud
5. Enfermedad
6. Desesperada
7. Sanó
8. Sabiduría
9. Resurrección
10. Eterna
11. Alabanza (Salmo 103:1)
12. Gratitud (Colosenses 3:17)
13. Bendición (Salmo 116:12)
14. Elogio (Salmo 150:6)
15. Reverencia (Salmo 95:6)
16. Gracia (Efesios 5:20)
17. Adoración (Salmo 29:2)
18. Gozo (Filipenses 4:4)
19. Honor (1 Crónicas 16:29)
20. Generosidad (2 Corintios 9:11)

*no incluye los versículos bíblicos

PROVISIÓN PATERNAL

El Señor no dejará que el justo pase hambre.

Proverbios 10:3, NTV

Una pareja mexicana se dedicaba a capacitar jóvenes con cursos y llevarlos a zonas indígenas para hacer prácticas. Promovían las misiones interculturales antes de que esto fuera común en muchas iglesias. Vivían por fe con algunas ofrendas pero sin entradas constantes. Un día, al llegar su hija del colegio, la mamá pidió que pusiera la mesa. Al preguntar: "¿Qué vamos a comer?", supo que no había comida en casa, ni siquiera cereal. Su mamá le aseguró que Dios proveería.

Efectivamente, mientras daban gracias por los alimentos que no había, sonó el timbre. Era el jardinero del conjunto habitacional, a quien la mamá había ofrecido un vaso de agua en ocasiones. Ahora él, agradecido por esa generosidad, llevaba una canasta con abundante barbacoa y tortillas de una fiesta en su pueblo.

La promesa de este proverbio se cumplió. De manera semejante, el rey David escribió en su vejez: "Nunca he visto abandonado al justo ni a sus hijos mendigando pan" (Salmo 37:25, NTV). Estas palabras sirven para fortalecer a los que padecen alguna falta material y confían en Dios para su provisión. Jesús también enseñó sobre la provisión que da el Padre a los que buscan primero su reino (Mateo 6:25-33).

En los países de América Latina conocemos la pobreza. En algunos países la tasa de pobreza sobrepasa el 60%. De hecho, en muchas de las comunidades de fe tenemos familias que luchan para salir avante a diario. Sin embargo, también hemos visto cómo Dios provee por ellos. Si estás preocupada por alguna necesidad, pon tus ojos en tu Padre celestial y confía en sus promesas.

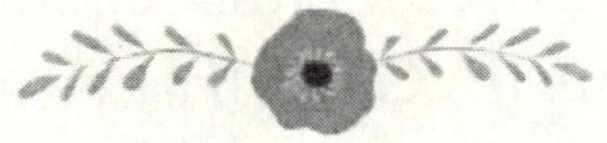

Padre mío, sé que proveerás lo que necesito, porque soy tu hija.

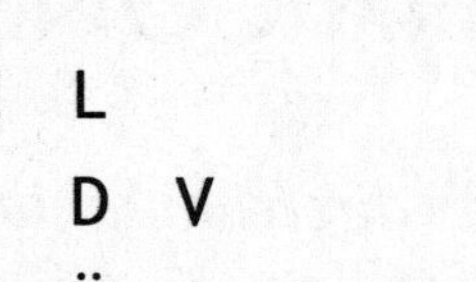

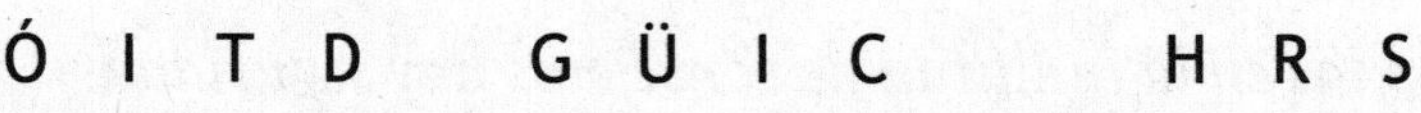

```
          Ú I
            E L
              D V
    Ó I T D   G Ü I C   H R S
  F O R T A L E C E R A Q S P Á A
J D C L E M E N C I A E N Ü A M Ó Q
Ñ Ó P R O M E S A R U J C A Ú M T J
R M V O Ó V Á Ú O É K D F U C S U O Ó Ó
M G H A M B R E E É L R Ü C S I T Á R Í
É P R O T E C C I Ó N A Ú G Á T Ó A A X
S D S U F I C I E N C I A Y Í K O N É Q
É R P R F E J B C G E N E R O S I D A D
C Ú V R B E N D I C I Ó N O K Y U A P S
Ü U F X O F G E N E R O S I D A D X Í V
  Q I Í N V C S U S T E N T O Ú K Ü Ó
  K Y D Ó U I Á C O N F I A N Z A Ü I
    S P A I P S L S D P O B R E Z A
      Ü P D K Ñ I C O N S U E L O
        H X O Q X Ó Y Ü S Y É X
              I A H N H
```

1. Hambre	11. Cuidado (Mateo 6:26)
2. Justo	12. Sustento (Salmo 23:1)
3. Provisión	13. Protección (Salmo 91:4)
4. Fe	14. Amor (1 Juan 3:1)
5. Generosidad	15. Bendición (Filipenses 4:19)
6. Canasta	16. Generosidad (Mateo 7:11)
7. Promesa	17. Suficiencia (2 Corintios 9:8)
8. Confianza	18. Clemencia (Salmo 103:13)
9. Pobreza	19. Dirección (Proverbios 3:5-6)
10. Fortalecer	20. Consuelo (2 Corintios 1:3-4)

*no incluye los versículos bíblicos

BUENA CONSEJERA

Donde no hay dirección sabia, caerá el pueblo;
mas en la multitud de consejeros hay seguridad.

Proverbios 11:14, RVR1960

Existe una organización internacional de líderes globales llamada "The Elders" o "Los Mayores" en español. Fueron reunidos por Nelson Mandela y ofrecen su influencia y experiencia colectiva para resolver problemas mundiales relacionados con la paz, los derechos humanos y la pobreza, por mencionar algunos. La mayoría de sus integrantes han recibido el Premio Nobel de la Paz. Estas personas han demostrado con su trayectoria, que pueden liderar con su ejemplo y que han sido capaces de crear cambios sociales.

Todo gobierno, iglesia, familia y persona, necesita líderes sabios que los guíen por la dirección correcta. Los consejeros son una necesidad para solucionar los problemas individuales y colectivos. Los han tenido los reyes, los presidentes y toda persona que reconoce la importancia de tomar no una buena decisión, sino la mejor.

Uno de los nombres de Jesús es Consejero (Isaías 9:6). Él nos ha dejado en su Palabra, nuestra lámpara, los consejos que necesitamos para ver con claridad. Si queremos los mejores consejos, solo pueden venir de quien todo lo sabe, todo lo ve y todo lo puede.

¿Has pensado que puedes compartir esa luz con otros? A veces te tocará estar en la silla del aconsejado y otras posiblemente te toque aconsejar. Es un trabajo necesario e importante. Que nuestra sabiduría provenga del Consejero divino.

Señor, ayúdame a dar consejos sabios.

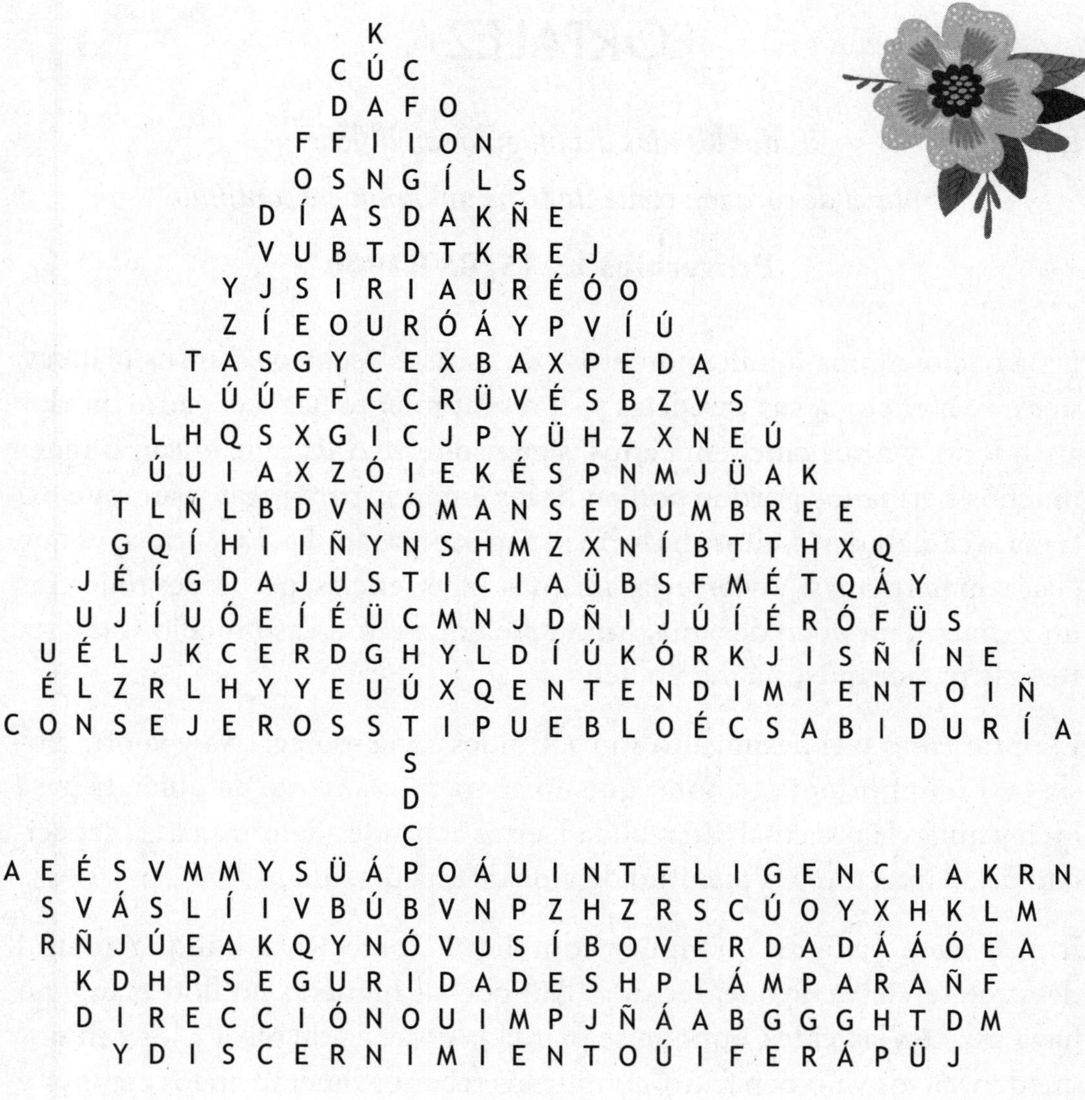

1. Dirección
2. Sabia
3. Pueblo
4. Consejeros
5. Seguridad
6. Líderes
7. Sabiduría
8. Consejo
9. Lámpara
10. Sabio
11. Inteligencia (Proverbios 4:7)
12. Consejo (Proverbios 11:14)
13. Instrucción (Proverbios 1:8)
14. Dirección (Proverbios 3:5-6)
15. Entendimiento (Proverbios 2:6)
16. Discernimiento (Proverbios 3:21)
17. Justicia (Proverbios 21:30)
18. Mansedumbre (Proverbios 15:1)
19. Verdad (Juan 8:32)
20. Fe (Proverbios 16:3)

*no incluye los versículos bíblicos

FORTALEZA

Todos los días del afligido son difíciles;
mas el de corazón contento tiene un banquete continuo.

Proverbios 15:15, RVR1960

Irma nació en una familia numerosa de escasos recursos. En sus pláticas, siempre menciona sus carencias y su resentimiento hacia el padre que los abandonó, y a sus cincuenta años, sigue soltera. A Rosa le encantó tener muchos hermanos porque podían hacer equipos para jugar y, aunque extraña la camaradería, ahora ha formado su propia familia. Lo curioso es que ellas son hermanas. Vivieron las mismas experiencias, pero si les muestras un vaso con un poco de agua, Irma opina que es un vaso medio vacío y a Rosa le parece que está medio lleno.

El optimismo y el pesimismo son actitudes. Una es negativa y la otra positiva. Lo importante es notar que no se trata solamente de quién la pasa bien y quién la pasa mal. En realidad, estas actitudes determinan la capacidad de adaptación y la plenitud de vida de una persona.

Irma y Rosa vivieron una niñez complicada, pero Rosa imitó la actitud del profeta Habacuc que decidió: "Aunque las higueras no florezcan y no haya uvas en las vides, aunque se pierda la cosecha de oliva y los campos queden vacíos y no den fruto, aunque los rebaños mueran en los campos y los establos estén vacíos, ¡aun así me alegraré en el Señor!" (Habacuc 3:17-18, NTV). Podemos tener algo mejor que un corazón contento, ¡podemos tener un corazón gozoso!

Cuida tu relación más importante: tu relación con Dios. Lee la Biblia, ten conversaciones largas con Él en oración. Cada día reconoce y confiesa tus errores, cántale y obedece sus mandamientos. Es la mejor manera de experimentar su llenura. Experimenta una actitud optimista al ver las cosas como Dios las ve.

Tu gozo, oh, Dios, es la fortaleza de mi vida.

V F Z P C M Ü E

B Q Ú Y N Ñ A Í C K F Ñ

R P D Á Q Í E Í X R O M R Q

V A L O R C Ú G O Z O R N H P B

Ó E C N O A C T I T U D E S T Z J É

Q K T K A D A P T A C I Ó N G E Q U

V E N C E D O R V E É S J Ü R U X N T J

J M P G P L E N I T U D Á N E Q O O T J

A N R L E S P E R A N Z A I N B P J D O

E T O L L Y O X B R T S K É O A T R C I

X D T R E S I S T E N C I A V N I E O H

Ñ V E P X F Í A A O P L Z P A Q M F R D

O A C O É H N E F D E Y X O C U I U A H

Í L C G Ó Y O L F L S É S D I E S G Z Á

O I T G Ü G U V G I Á G E Ó T M I Ó

R Ó A Y U D A P Á M G J R N E O O N

N P X Ú E C N B I H I K Z J K A

I O L F R Ñ Í S C F D G Z C

É Q I U K J M U K V O K

N D V C O V L M

1. Afligido
2. Corazón
3. Contento
4. Banquete
5. Optimismo
6. Pesimismo
7. Actitudes
8. Adaptación
9. Plenitud
10. Gozo
11. Refugio (Salmo 18:2)
12. Valor (Josué 1:9)
13. Poder (Isaías 41:10)
14. Esperanza (Romanos 15:13)
15. Protección (Salmo 91:4)
16. Resistencia (Efesios 6:10)
17. Ayuda (Salmo 121:1-2)
18. Valor (2 Timoteo 1:7)
19. Vencedor (1 Juan 5:4)
20. Renovación (Isaías 40:29-31)

*no incluye los versículos bíblicos

RECTITUD

Hacer justicia y juicio es a Jehová
más agradable que sacrificio.

Proverbios 21:3, RVR1960

En los templos de la diosa Kali, al sur de la India, se celebra al dios Garuda Colgado. En el festival anual, los fieles son colgados de ganchos que traspasan la piel de su espalda y la parte posterior de sus piernas. En un andamio móvil, avanzan en procesión al templo, mientras que los otros penitentes rezan, bailan y cantan. Las imágenes no son nada agradables, pero quizá no estamos muy lejos de ser como ellos.

Todo ser humano busca ganarse el favor divino, sin importar la religión. Algunos hacen peregrinaciones y otros ofrendan; incluso los que confiesan no creer en nada, se privan de cosas en ciertas temporadas en la espera que sus sueños se hagan realidad o el destino les sonría. Pero el proverbio de hoy nos recuerda que hay algo más importante que los sacrificios.

Imagina que un devoto de Kali, después de su piadosa demostración, se baja de los ganchos y discute con su esposa, roba unas monedas ofrendadas a la diosa y las gasta en intoxicarse con alcohol. ¿De qué valió tanto espectáculo? Ese es el punto que Dios quiere mostrarnos. Lo importante no es lucir religioso, sino practicar lo que Dios dice (Santiago 1:22).

A Él le interesa un corazón humilde y arrepentido, más que muestras externas e hipócritas. No caigamos en la trampa de hacer cosas para ser vistos por otros, mientras que en nuestro interior no hay bondad ni amor. Hagamos lo que es correcto y agradaremos a Dios. Para Dios vale mucho más una vida limpia y honrada que "colgarnos de ganchos".

Señor, ayúdame a practicar la rectitud y no fingir.

Q É X P Ü Ú G J

J Ú É J M U Z S R N S I

A R L V C D J R J U S T I C I A

C V E R D A D Á T E O B E D I E N C I A

S A C R I F I C I O Z I O T C O R A Z Ó N

A Ó X P Í J U I C I O A U Ó Q R Ñ U F B X

D R G X R E C T I T U D D E C O R A Z Ó N

R P R Ú C U U S A N T I F I C A C I Ó N F

O R B E R E L I G I Ó N H O N R A D E Z Ó

F Ñ I P T E M O R D E D I O S Ú T Ó O

C I O N E L F A V O R E Q U I D A D J

G Z Ñ T N H I H I P Ó C R I T A S

P R V U E T Q J U S T I C I A B A

H E D D G I N Z E B A V É Z V

U C K V R D O Ñ I K M A Ü

M T X J I O É Ó D V H

I I É Á D Ú Z D X

L T Ú Q A X F

D U L B D

E D K

F

1. Justicia
2. Juicio
3. Sacrificio
4. Favor
5. Religión
6. Corazón
7. Humilde
8. Arrepentido
9. Hipócritas
10. Rectitud
11. Justicia (Salmo 89:14)
12. Verdad (Proverbios 12:17)
13. Honradez (Proverbios 21:3)
14. Integridad (Salmo 25:21)
15. Santificación (1 Tesalonicenses 4:3)
16. Pureza (Mateo 5:8)
17. Equidad (Proverbios 2:9)
18. Rectitud de corazón (Salmo 7:10)
19. Obediencia (1 Samuel 15:22)
20. Temor de Dios (Proverbios 16:6)

*no incluye los versículos bíblicos

AGRADABLE

Con conocimientos se llenan sus cuartos
de objetos valiosos y de buen gusto.

Proverbios 24:4, DHH

Tengo muchos cuadros bellos en las paredes de mi casa y otros con buenos mensajes que quería que vieran los que me visitan. Tengo fachadas de cerámica que yo misma pinté y recuerdos de los lugares que he visitado que adornan los muros del lugar en que vivo. Me da gusto que cada persona que viene me dice lo bonita que está mi casa. Todas estas cosas preciadas las he venido coleccionando desde hace mucho tiempo y ahora que tengo mi lugar propio, puedo adornarlo con ellas.

Cuando la Palabra de Dios habla de llenar de objetos valiosos y de buen gusto los cuartos, hace referencia a las habitaciones de nuestro corazón. ¡Hay que llenarlas de conocimientos valiosos! Así como adornamos nuestra casa con cosas lindas, los conocimientos escogidos y atesorados adornarán lo profundo del corazón.

Pablo dice: "Y ciertamente, aun estimo todas las cosas como pérdida por la excelencia del conocimiento de Cristo Jesús, mi Señor" (Filipenses 3:8, RVR1960). Conocer a Cristo es lo excelente. Cuando investigamos o preguntamos a personas sabias lo que no entendemos de la Biblia, estamos atesorando objetos valiosos y de buen gusto que los demás van a alabar cuando salgan de nuestra boca.

Necesitamos llenar el corazón de buenas enseñanzas y de versículos bíblicos que van a fortalecernos en los tiempos precisos. Serán los adornos que embellezcan nuestra presencia ante los demás. ¡Adorna hoy las habitaciones de tu corazón!

Padre, sé que de la abundancia de mi corazón, habla la boca.
Que haya en mi alma adornos agradables.

É
D G H
V Í C C U
A G O Z O A M
Í C Z Ñ L J R R I
Á É O G R A C I A I L
O O Á N V A P A Z F Z D D
Á B B S O E G C M M O E Ó A A
P T J R A C R R S M I R X V N D D
N Ü Ú E A B I S A A B S T C A X O Ñ T
E Ñ Ü K T B I M Í D N E E A E L Á R T Q B
N R Y O U D I C A T N R L L I R N N T
S N S E U E U B I D I E E O N A S
E N N R N L L F I C C N S X R
Ñ A Í T O E I C O E C O F
A A O S A C I R R I S
N S T D A Ó D I A
Z Z I C N I L
A O I H A
S Ó S
N

1. Conocimientos
2. Objetos
3. Valiosos
4. Corazón
5. Adornar
6. Sabiduría
7. Excelencia
8. Enseñanzas
9. Versículos
10. Fortalecer
11. Agradable a Dios (Efesios 5:10)
12. Bendición (Salmo 133:1)
13. Gracia (1 Pedro 2:19)
14. Misericordia (Miqueas 6:8)
15. Obra buena (Mateo 5:16)
16. Paz (Romanos 12:18)
17. Caridad (1 Corintios 13:4-5)
18. Gozo (Filipenses 4:4)
19. Humildad (Filipenses 2:3)
20. Santificación (Romanos 12:1)

*no incluye los versículos bíblicos

ENTENDIMIENTO Y OBEDIENCIA

Guía al caballo con el látigo, al burro con el freno,
¡y al necio con la vara en la espalda!

Proverbios 26:3, NTV

¿Sabías que no existían las bestias de carga en América hasta que llegaron los españoles? En el México antiguo se acostumbraban los "tamemes" u hombres cargadores. Los primeros cuatro asnos o burros llegaron a La Española con Cristóbal Colón. ¿Has viajado en alguno de estos animales?

Cuando participaba en una capacitación misionera en la selva de Chiapas, nos tocó hacer una caminata difícil de veinte kilómetros, en la que se hundían nuestros pies en el fango del sendero. Era tan agotador que nos alegrábamos cuando nos tocaba nuestro turno en alguna de las mulas. Pero a la vez me asustaban estas cuando subíamos por caminos empinados o cuando se portaban tercas y no querían avanzar. Por eso se necesitan frenos y látigos para que obedezcan.

Así como hay animales que solo obedecen con el uso de la fuerza, hay humanos necios también. En los tiempos bíblicos, existía el castigo corporal. Si no había otra forma de que aprendieran, sufrían dolor. En el siglo XXI, en muchos países está penado golpear a las personas, pero ante la necedad se necesitan medidas fuertes para poner un alto.

Sabemos que si nos comportamos de forma egoísta y rebelde, Dios puede usar una enfermedad, un accidente o la pérdida del trabajo para llamarnos la atención. No toda prueba tiene ese propósito, pero si hemos hecho algo que desagrada al Señor, ¡debemos saberlo! No seamos como animales que requieren de "un látigo" para hacer caso. Escuchemos la voz del Espíritu de Dios que nos guía con ternura.

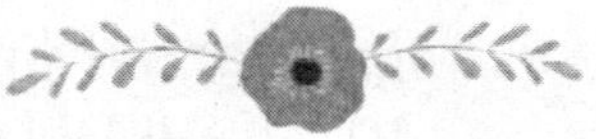

Padre mío, a veces soy una hija que no te hace caso.
Hazme entender y obedecerte.

J A O Z U I V Ñ U É J Á D É G F P Z R L

F F R H D S J U S T I C I A Q I B O E C

T X R É K Z I O B E D E C E R D C J V Á

Y Ü Q E Á Í C V G L Á T I G O E A Ñ E E

E Q Q I N R E B E L D E I P F L S K L S

P Ü Ó Ü Í O M Á N Q T Á U Ú I I T G A P

J K Ú G I N S T R U C C I Ó N D I S C Í

Z M G U Í A P X Í H É S U Ú E A G X I R

V C O N O C I M I E N T O V G D O Y Ó I

H M X Í D I O S Ú H J A O C T V É Ü N T

M R Ú P D I S C E R N I M I E N T O Ü U

V C M Ó É Y G B Q P H Z M D É C E S Ú M

Y D O B E D I E N C I A Ú B V A L C Ú Ñ

I Ú L P Á Y Ó E M V C M N J Ü E M Ñ I V

Ü B P U R E L B Ó Z B É X O Ü B V E H O

Y X Z S A B I D U R Í A L T M Y U V L Q

J V P D M X M V R É Ú Ü H É Í A I R G U

L Ú D Ñ D Ó S U G Ú E R L F M P D F R N

N F Ú A Y Ü D I R E C C I Ó N K R F Ó O

Z G Ú B Q T E M O R D E D I O S H X Ü R

1. Guía
2. Látigo
3. Burro
4. Necio
5. Obedecer
6. Freno
7. Castigo
8. Rebelde
9. Dios
10. Espíritu
11. Sabiduría (Proverbios 2:6)
12. Discernimiento (Proverbios 3:21)
13. Instrucción (Proverbios 1:8)
14. Obediencia (1 Samuel 15:22)
15. Dirección (Salmo 32:8)
16. Conocimiento (Proverbios 2:10-11)
17. Justicia (Proverbios 4:11)
18. Revelación (Efesios 1:17)
19. Temor de Dios (Proverbios 9:10)
20. Fidelidad (Lucas 16:10)

*no incluye los versículos bíblicos

PRUDENTE Y VIRTUOSA

Mujer virtuosa, ¿quién la hallará?
porque su estima sobrepasa largamente a la de las piedras preciosas.

Proverbios 31:10, RVR1960

En "La Torre de Londres" se encuentran las joyas de la corona: tiaras, coronas y cetros pertenecientes a los reyes y reinas de Inglaterra. Los visitantes pueden admirar los diamantes más grandes que existen, como el "Cullinan" y el "Koh-i-Noor" que reposan en la corona de la Reina Isabel.

Según la leyenda, una de las consortes de Nader Shah, el emperador persa, expresó lo siguiente acerca del "Koh-i-Noor": "Si un hombre fuerte lanzara cinco piedras, y lanzara una al norte, una al sur, una al este, y una al oeste, y la última directo hacia arriba al aire, y el espacio que quedara entre ellas se llenara de oro y gemas, equivaldría al valor del Koh-i-Noor".

¿Puedes imaginar entonces el valor de una mujer virtuosa? La virtud se define como una disposición habitual de una persona para hacer el bien, para obrar conforme a los ideales de la verdad, la justicia y sobre todo el temor de Dios. El escritor de Proverbios consideraba que una mujer de honor, integridad y excelencia era difícil de encontrar, igual que encontrar un gran diamante. Pero el valor de ella supera por mucho el de las más preciosas gemas.

Pulir nuestro carácter, cualidades y habilidades, así como nuestra relación cotidiana con Dios nos hace aún más valiosas. El valor de las piedras preciosas depende también de su proceso de tallado. Dios quiere pulirnos y limpiarnos como a esas piedras en bruto, para darnos el valor de la realeza que nosotras tenemos. Él va sacando lo opaco, y nos hace brillar como hijas suyas, linaje real, y como verdaderas piedras preciosas.

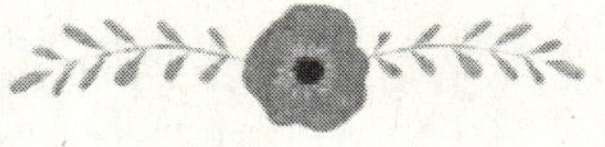

Señor, ayúdame a ser prudente y virtuosa.
Cual diamante quiero reflejar tu luz.

		I	É	Z	Í	Ú	F	F				O	M	B	C	F	T	P		
		V	N	T	Ñ	Í	D	L	Ñ		B	D	O	S	H	O	G	Ó		
K	D		I	T	E	V	H	I	I		O	I	D	V	Y	R	C		G	M
P	H	I	F	R	E	M	R	F	D		N	A	E	O	E	T	A	N	G	É
E	Í	A	L	I	T	G	O	J	Í		D	M	R	J	S	A	R	U	V	J
Y	E	H	L	I	D	U	R	R	P		A	A	A	P	T	L	Á	T	A	X
U	Í	N	Ñ	L	G	E	D	I	D		D	N	C	I	I	E	C	U	L	A
G	B	J	T	Í	A	E	L	L	D	E	U	T	I	E	M	Z	T	K	O	I
Y	Í	Á	O	E	Y	R	N	I	K	A	D	E	Ó	D	A	A	E	S	R	O
	A	C	A	Í	N	P	Á	C	D	D	D	I	N	R	B	K	R	S	Ú	
						D	X	J	I	A	Z	D	O	A						
	Ó	Ü	Á	D	A	K	I	Q	Í	A	D	G	Y	S	Y	O	H	T	I	
D	I	S	C	E	R	N	I	M	I	E	N	T	O	P	Z	M	M	Í	Y	Ü
Á	J	H	O	N	R	A	Z	S	I	S	Ú	Q	Í	R	K	Í	M	Ñ	J	Ú
S	T	R	E	C	T	I	T	U	D	E	Ú	X	D	E	T	Ü	F	T	Ñ	V
Ú	S	A	B	I	D	U	R	Í	A		N	O	S	C	N	V	Ú	Á	Ü	R
D	I	I	U	J	M	Q	E	N	H		L	T	Q	I	Ñ	Á	D	V	Y	R
H	Y	Ñ	A	O	O	J	L	L	I		F	É	O	O	N	K	Z	P	X	Á
Ó	E		L	D	É	Y	U	S	R		G	S	S	S	H	F	Y		R	Q
		S	T	H	Ú	K	A	I	F		É	H	Í	A	H	P	R	K		
		Y	Z	L	Á	O	Ñ	S				I	D	S	E	U	K	N		

1. Joyas
2. Hallará
3. Estima
4. Piedras preciosas
5. Valor
6. Virtud
7. Honra
8. Integridad
9. Diamante
10. Carácter
11. Sabiduría (Proverbios 2:6)
12. Discernimiento (Proverbios 3:21)
13. Entendimiento (Proverbios 3:13)
14. Rectitud (Proverbios 4:11)
15. Moderación (Filipenses 4:5)
16. Temor de Dios (Proverbios 31:30)
17. Bondad (Proverbios 31:26)
18. Diligencia (Proverbios 31:27)
19. Fidelidad (Proverbios 31:11)
20. Fortaleza (Proverbios 31:25)

*no incluye los versículos bíblicos

OFRENDA FRAGANTE

Honra a Jehová con tus bienes…
y serán llenos tus graneros con abundancia.

Proverbios 3: 9-10, RVR1960

¿Qué puedes obsequiarle a alguien que lo tiene todo? Esto se preguntaba la duquesa de Cambridge cuando pasaron la Navidad con la reina Isabel II, abuela de su esposo. Pensó en lo que regalaría a sus propios abuelos y entonces decidió preparar algo ella misma. Hizo chutney casero, una salsa dulce y picante originaria de la India y muy popular en Reino Unido. "Estaba bastante preocupada, pero al día siguiente me di cuenta de que lo habían puesto en la mesa" dijo en su primera entrevista televisiva.

Algo parecido ocurre cuando pensamos en darle algo a nuestro Creador. No hay nada que le puedas dar a Dios que Él necesite. Pero cuando le das una ofrenda, estás diciendo: "Dios, te amo, estoy pensando en ti. Tú eres prioridad en mi vida". dice Rick Warren. Ofrendar y diezmar son un acto de adoración. Dios no quiere nuestras sobras, quiere ser prioridad en nuestras vidas. Cuando lo hacemos, vemos las promesas de Dios cumplirse.

Malaquías 3:10 es una promesa: "Traigan íntegro el diezmo para los fondos del templo, y así habrá alimento en mi casa. Pruébenme en esto, dice el Señor Todopoderoso, y vean si no abro las compuertas del cielo y derramo sobre ustedes bendición hasta que sobreabunde" (NVI). Cuando Él ve que deseamos obedecer su Palabra, aun en el área de nuestras finanzas, nos dice: "Te bendeciré".

Nuestro Padre siempre nos da mucho más de lo que imaginamos. El Rey de reyes proveerá conforme a las riquezas de su gloria.

Que mi ofrenda despida un olor fragante para Ti.

X J D P S E G O V L
Á Á Ñ N B Z Ñ H F K J F P A
A L A B A N Z A P G Q L G S V R B X
Y E S P I U S A C R I F I C I O A O B N
U Í S U R O L P U I O G P I I I B D L V N O
J P L R U S R D M R Ú E O N Í E É I
F N Ú F R K H E Ü E Q F N R V N Í E U
Ü C U É T M T P B S N L T A L M Í Ú R Q
Ü C V Ú J T Ú I I E A Í V R C D D T F B Z E
B O T N J O J U J N P C X E I J I Q R K B É
Á G B Á I Y A Í T T D T I Í G Ó T E É A L X B U
Y R Q M P Q Y E Z Ú I E Z V A N Ü Z É G L Ó X D
I A M I N E Y D N N C F L Ú Ü I Y M Q A P I N E
B T I O Ú T B Z Y P Ü Y H I Ü K D H H É G Ó L O E N R D A V
G I S S Ú V F V A T H Á X Ó É S J M C H R É Ú L Z T I Q É O
M T E H Ó C Á Á D N T K Ú N D G G J Ü U A C Ü Ó V E O Ü Í C
U U R J U G R E N D I M I E N T O K Z K C Ñ K F G C R S Q I
C D I C O N S A G R A C I Ó N R U M T G I J R U Í E I S P Ó
E H C J É S K Í Ñ I S Á Q N P H O N R A O I N N D Ñ T N
O Q O O V G X J Q R Ñ V U P F B Ú J Ñ X Ñ Y A Z E Q
Á R A B I Z G P R K Í Z B Y H H Ó R P Z D P F
Á D O Á E Ú N I I Á
I É F P D I Z B U H
A K F R N I Q Ó B X A Ü
F J U E P E T Y P B Y Ñ N O A Z E L Ñ B D G Ú N
Q I O N P N V U Y U J C B I E N E S N O Ü P
I N L D Í C Ó E G Í R X V F U H I Y K A
A S S A Y I J É O M Ó B N S U J U O
K N X X A Ó V L G N S É T F
B Z M Ó H Ñ F P X X

1. Honra
2. Fragante
3. Bienes
4. Ofrenda
5. Prioridad
6. Adoración
7. Promesa
8. Diezmo
9. Bendición
10. Proveer
11. Sacrificio (Efesios 5:2)
12. Alabanza (Salmo 141:2)
13. Devoción (Romanos 12:1)
14. Entrega (Filipenses 4:18)
15. Obediencia (1 Samuel 15:22)
16. Gracia (2 Corintios 9:7)
17. Consagración (Levítico 2:1)
18. Misericordia (Oseas 6:6)
19. Rendimiento (Salmo 51:17)
20. Gratitud (Hebreos 13:15)

*no incluye los versículos bíblicos

DISCERNIMIENTO

Deben reservarla solo para los dos;
jamás la compartan con desconocidos.

Proverbios 5:17, NTV

Russell Conwell, en su libro *Acres de Diamantes,* habla de un joven que salió en busca de su fortuna solo para morir en el proceso, mientras que alguien más descubría los diamantes que estaban en el patio trasero de su casa. La historia resulta trágica pues ese joven gastó su energía y su vida, en tanto lo que buscaba para satisfacerlo, ¡estuvo en su casa todo el tiempo!

Una compañera de trabajo que lleva ya tres divorcios ahora confiesa que no debió haber tirado por la borda su primer matrimonio. En otras palabras, en esa búsqueda de su alma gemela, desechó al que realmente era su otra mitad, pero al primer problema, sin valorar el compromiso y el trabajo que un matrimonio implica, prefirió la separación.

Proverbios 5 nos dice con claridad lo que sucede cuando, hombre o mujer, se deja cautivar por otra persona que no es su cónyuge. Lo que al principio parece una emocionante aventura, termina en una pérdida del honor, angustia e incluso enfermedad. Por eso, el sabio escritor nos dice "comparte tu amor únicamente con tu esposa" (Proverbios 5:15, NTV). Y bien podría decir esposo.

Quizá tu matrimonio no es lo que deseabas en un principio, pero ¿has hecho algo para mejorarlo? No salgas en busca de piedras preciosas siendo que bajo tu techo puedes encontrar el diamante de una relación satisfactoria. Requiere esfuerzo, tiempo y decisión, pero con Dios, ¡todo es posible!

Señor, ayúdame a ver los diamantes en mi casa.

Ó

Q

É Ñ M

B V A

Ú E T

D S R R P

I Q A I É

A U C M R

O M E I O D R

Á A D D N I M

É N A A I D I

Ú Q Ü S R F O R T U N A T U D O A M A V E N T U R A T Í E

G Ó Ü A E I P D C É T E F Á E R E V E L A C I Ó N C Ü

S Ó B L N C I O Á S E M O C I O N A N T E M J

L P I A T O S N E N T E N D I M I E N T O

Ú R D C E N C O N P V H U J U I C I O

U U I L S I C M Ú Á Ü L H I I

D R Ó I E P I B G E Á O Ü

E Í N G J L M P Z Ú Ü

Y N A C E O I I G T Á

I H C Ú O N T N E Ñ P

X H T Y I Ó M C Z A N K O

M M K C J A K P I I S T J

K Y Í G J J B R A Q Q O

H O N R A R S O T R Y X

S Q Y L X Z M Ó Ñ I

Z O C I P Ó

É Ü L S D É

Q F O Z

I F

1. Emocionante
2. Fortuna
3. Búsqueda
4. Compromiso
5. Matrimonio
6. Aventura
7. Pérdida
8. Honra
9. Relación
10. Diamantes
11. Sabiduría (Proverbios 2:6)
12. Entendimiento (Proverbios 3:5-6)
13. Inteligencia (Proverbios 1:2)
14. Disciplina (Proverbios 12:1)
15. Juicio (Isaías 11:3)
16. Revelación (Efesios 1:17)
17. Prudencia (Proverbios 14:15)
18. Conocimiento (Proverbios 18:15)
19. Consejo (Proverbios 11:14)
20. Veracidad (Filipenses 1:9)

*no incluye los versículos bíblicos

SIEMPRE CONMIGO

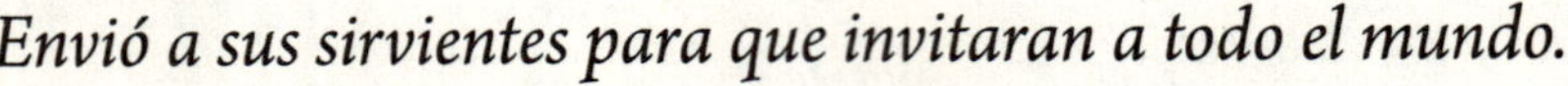

Envió a sus sirvientes para que invitaran a todo el mundo.

Proverbios 9:3, NTV

El explorador británico Ernest Shackleton reclutó a su tripulación con el siguiente anuncio en un periódico de Londres: "Se buscan hombres para un viaje peligroso. Poca paga, frío intenso, largos meses en completa oscuridad, peligro constante, regreso a salvo en duda. Honor y reconocimiento en caso de éxito". Aun así, logró juntar a un grupo increíble, y su historia de sobrevivencia aún es conocida.

En el proverbio de hoy, la Sabiduría ha preparado un banquete y ha enviado a sus sirvientes a invitar a todo el mundo. Este anuncio es aún más inclusivo que el de Shackleton, pues no añade una preferencia en cuanto a género, edad, estado civil u ocupación. ¡Es para todos! De hecho, en el siguiente versículo dice que en cuanto más ingenuos y faltos de juicio somos, ¡más bienvenidos seremos!

Shackleton no embelleció su anuncio para atraer a las personas, y la Biblia tampoco lo hace. El mensaje de la sabiduría nos recuerda que el camino recto está lleno de peligros. Tendremos aflicción. Vendrán días buenos y malos. No estaremos exentos de enfermedad o crisis financieras. Quizá nos toque un terremoto, un huracán o un tsunami. Sin embargo, Jesús, quien nos invita, añade una cláusula que no debemos olvidar: "Y tengan por seguro esto: que estoy con ustedes siempre, hasta el fin de los tiempos" (Mateo 28:20, NTV).

La vida no es sencilla. Ninguna existencia está libre de pruebas, problemas y discusiones. Nadie podrá evitar la enfermedad o la muerte de un ser querido. La sabiduría, sin embargo, nos invita a su banquete donde hay una gran diferencia: la presencia de Dios con nosotras, en las buenas y en las malas. ¿La aceptas?

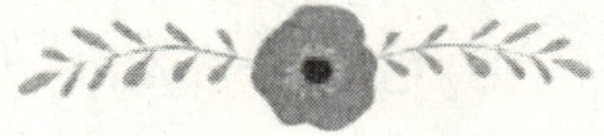

Señor, acepto tu invitación. Gracias porque estarás siempre conmigo.

1. Sabiduría
2. Banquete
3. Invitar
4. Sirvientes
5. Todos
6. Peligros
7. Aflicción
8. Presencia
9. Existencia
10. Invitación
11. Presencia (Salmo 139:7)
12. Compañero (Mateo 28:20)
13. Refugio (Salmo 46:1)
14. Amparo (Salmo 32:7)
15. Sostén (Isaías 41:10)
16. Fortaleza (Salmo 18:2)
17. Guía (Salmo 25:9)
18. Amor (Romanos 8:39)
19. Fidelidad (Deuteronomio 31:6)
20. Paz (Juan 14:27)

*no incluye los versículos bíblicos

ME SATISFACES

El justo come hasta saciar su alma,
mas el vientre de los impíos tendrá necesidad.

Proverbios 13:25, RVR1960

Las estadísticas dicen que, en México, el 38% de las mujeres padecen obesidad, contra 27% de hombres. En Perú, una de cada cuatro mujeres peruanas tiene sobrepeso. República Dominicana cuenta con el mayor porcentaje de obesidad en mujeres después de México. En Estados Unidos hay cerca de 35 millones mujeres con sobrepeso. Leamos atentamente el proverbio de hoy. ¿Cómo se aplica al día a día?

Fíjate lo que nos dice sobre la comida. El justo o sabio come hasta quedar bien satisfecho. Tú y yo sabemos algo: subimos de peso porque comemos más de lo que debemos. Nuestros estómagos están hechos para cierta cantidad de alimento, pero ya sea por estrés, malos hábitos o por antojo, comemos más de lo que nuestro cuerpo necesita. Obviamente, al comer más, hacemos que nuestro cuerpo exija más.

El necio siempre tendrá necesidad. Cuando actuamos neciamente y no cuidamos nuestro peso, siempre "tendremos hambre". Examinemos nuestros hábitos y estado emocional. Muchos de los problemas de alimentación —ya sea la obesidad o la anorexia— aparecen cuando nos sentimos ansiosas o tristes, y cubrimos ese vacío con comida. ¿Qué hacer? Recordemos que Dios "da vida y aliento a todo y satisface cada necesidad" (Hechos 17:25, NTV).

Pidamos ayuda a Dios cada día con el tema de la comida. Escuchemos nuestro cuerpo y comamos hasta estar satisfechas. Y cuando el estómago nos diga que "aún queda un huequito", oremos y pidamos a Dios que lo llene con su amor, con su paz y con su control. La obesidad es un tema amplio, pero importante. Si somos sabias, busquemos ayuda y aprendamos a controlarnos.

Señor, tú me satisfaces más que un suculento banquete.

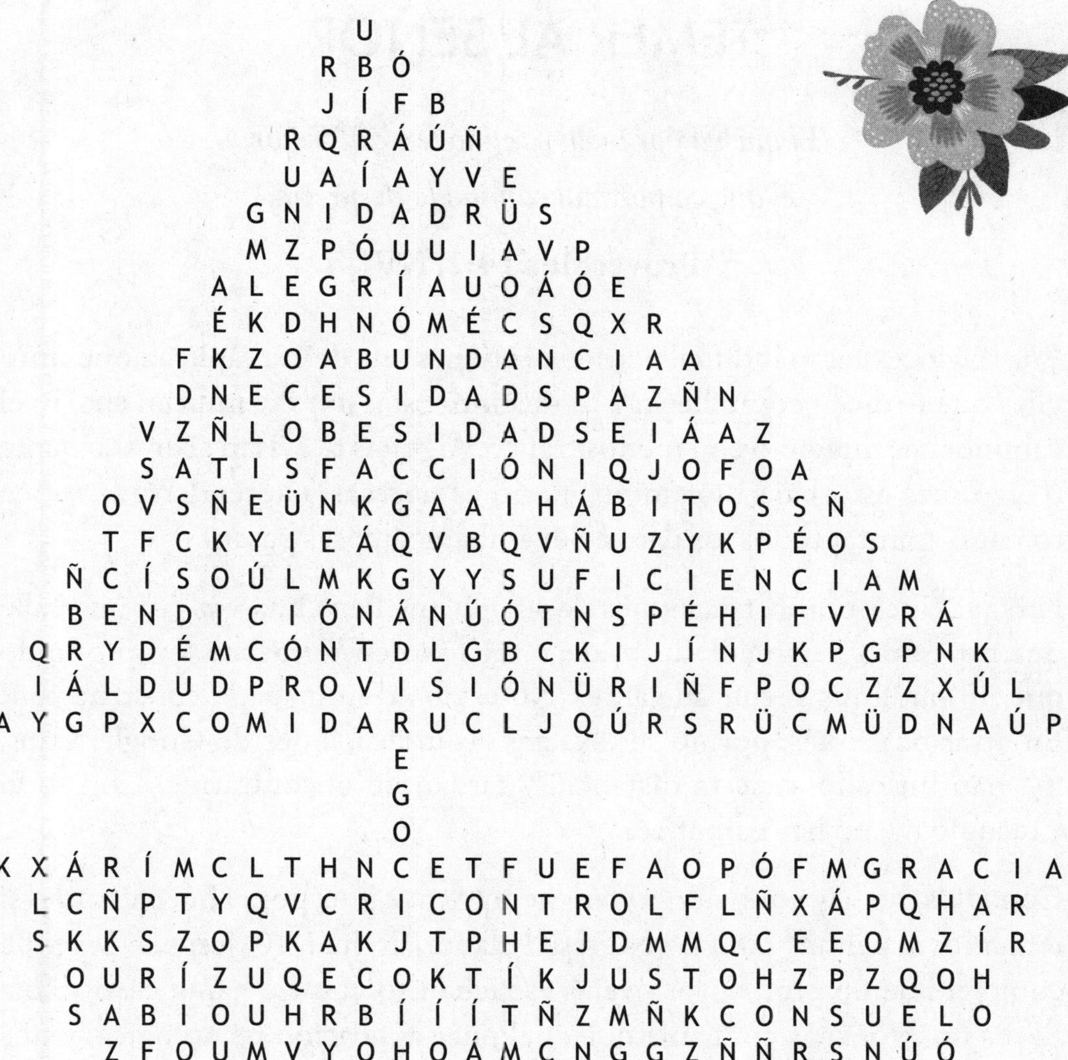

U

R B Ó

J Í F B

R Q R Á Ú Ñ

U A Í A Y V E

G N I D A D R Ü S

M Z P Ó U U I A V P

A L E G R Í A U O Á Ó E

É K D H N Ó M É C S Q X R

F K Z O A B U N D A N C I A A

D N E C E S I D A D S P A Z Ñ N

V Z Ñ L O B E S I D A D S E I Á A Z

S A T I S F A C C I Ó N I Q J O F O A

O V S Ñ E Ü N K G A A I H Á B I T O S S Ñ

T F C K Y I E Á Q V B Q V Ñ U Z Y K P É O S

Ñ C Í S O Ú L M K G Y Y S U F I C I E N C I A M

B E N D I C I Ó N Á N Ú Ó T N S P É H I F V V R Á

Q R Y D É M C Ó N T D L G B C K I J Í N J K P G P N K

I Á L D U D P R O V I S I Ó N Ü R I Ñ F P O C Z Z X Ú L

A Y G P X C O M I D A R U C L J Q Ú R S R Ü C M Ü D N A Ú P

E

G

O

K X Á R Í M C L T H N C E T F U E F A O P Ó F M G R A C I A

L C Ñ P T Y Q V C R I C O N T R O L F L Ñ X Á P Q H A R

S K K S Z O P K A K J T P H E J D M M Q C E E O M Z Í R

O U R Í Z U Q E C O K T Í K J U S T O H Z P Z Q O H

S A B I O U H R B Í Í Í T Ñ Z M Ñ K C O N S U E L O

Z F O U M V Y O H O Á M C N G G Z Ñ Ñ R S N Ú Ó

1. Justo
2. Satisfacción
3. Necesidad
4. Comida
5. Sabio
6. Obesidad
7. Hábitos
8. Vacío
9. Control
10. Dios
11. Provisión (Filipenses 4:19)
12. Abundancia (Salmo 23:1)
13. Paz (Filipenses 4:7)
14. Gracia (2 Corintios 9:8)
15. Suficiencia (2 Corintios 3:5)
16. Consuelo (2 Corintios 1:3-4)
17. Bendición (Salmo 107:9)
18. Regocijo (Salmo 107:9)
19. Alegría (Salmo 16:11)
20. Esperanza (Salmo 62:5)

*no incluye los versículos bíblicos

TEMER AL SEÑOR

El que va por buen camino teme al Señor;
el que va por mal camino lo desprecia.

Proverbios 14:2, NVI

En el siglo XXI es más difícil perderse si tienes una de esas aplicaciones móviles que te dicen cómo llegar a tu destino. Estas *apps* te indican cuál es el camino más directo o con menos tráfico. Algunas te avisan si un accidente o algo más estorbará tu camino. Ya no es necesario aprenderte la ruta a tomar o apuntar todos los datos. Sin embargo, ¡cosas pasan!

Un taxi Uber, por instrucciones de su *app*, me llevó una vez por una calle que no estaba pavimentada, y luego terminó en un bache tan profundo que no pudimos seguir adelante. ¡No estaba terminada la construcción! En otras ocasiones, por no ser exactas las indicaciones de Google Maps, me han buscado a cierta distancia y tardan en encontrarme. Con todo y tecnología, no hay garantías.

Con Dios, no hay equivocaciones. Siempre nos guía por el buen camino si tememos al Señor y confiamos en su Palabra. En Juan 10, Jesús se describe como el buen pastor, cuyas ovejas escuchan su voz. Le harán caso solo a Él. Es una voz más confiable que cualquier aplicación tecnológica, y nos ofrece dirección en todas las áreas de nuestra vida. La persona que quiere seguir solo su propia *app* o guía interior se equivocará y se meterá en todo tipo de líos.

Sin duda tú y yo hemos despreciado alguna vez las enseñanzas del Señor y hemos sufrido las consecuencias. En ocasiones tomamos el camino más fácil en vez de esperar que Dios nos indique la mejor forma de llegar a nuestro destino. En las decisiones que hagamos hoy, procuremos pedir a Dios "el buen camino".

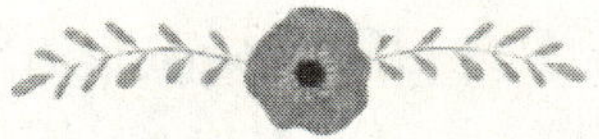

Maestro, enséñame y guíame a seguir tu camino y no el mío el día de hoy.

P Á M J H D E I
Á Ü D A O D U O E S Ñ U
I X D L G Ñ B I S N S U Í N
Í S F Q Ó Í Ü A E R T O T X Z Ñ
T S A B I D U R Í A D E I R I S Z Ñ
É T J J Ñ P Z Í Ú H Ü I C C Q N G J
O R E V E R E N C I A K I E C I Ó O É F
D Á K D E C I S I O N E S T N I A D Z Á
K R U Ú M E N S E Ñ A N Z A S C Ó É B E
C O N S E C U E N C I A S G P B I N Ñ J
A F V R E S P E T O E Y Ñ C H Z F A H N
P F I D E L I D A D G D Ó O U P I G K V
I E Q A Ó Y X O V E T Ó X N M U B H L P
I N S T R U C C I O N E S F I R É N A Y
H L T O B M Ú Ó G Z M C I L E A Y E
T G D E S P R E C I O A A D Z S P H
P U D M H Q U P M Ñ M N A A G Á
C Í R O I I S Ó Ó I Z D P D
R A É R X B F Ü N A U K
K E É X Ñ P O A

1. Camino
2. Temor
3. Instrucciones
4. Desprecio
5. Guía
6. Dirección
7. Decisiones
8. Consecuencias
9. Enseñanzas
10. Destino
11. Sabiduría (Proverbios 9:10)
12. Respeto (Salmo 111:10)
13. Obediencia (Deuteronomio 10:12)
14. Honor (Salmo 29:2)
15. Humildad (Miqueas 6:8)
16. Justicia (Proverbios 21:3)
17. Confianza (Salmo 115:11)
18. Reverencia (Hebreos 12:28)
19. Fidelidad (Salmo 31:19)
20. Pureza (Salmo 19:9)

*no incluye los versículos bíblicos

NIETOS FIELES

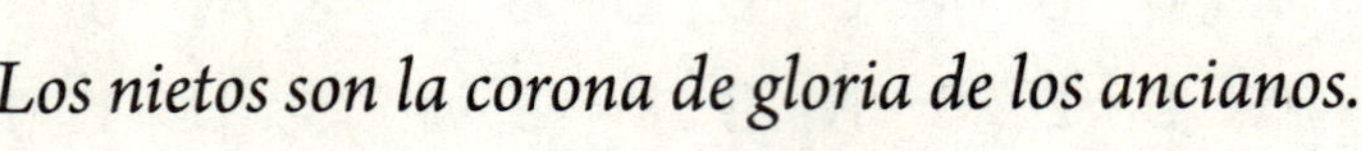

Los nietos son la corona de gloria de los ancianos.

Proverbios 17:6, NTV

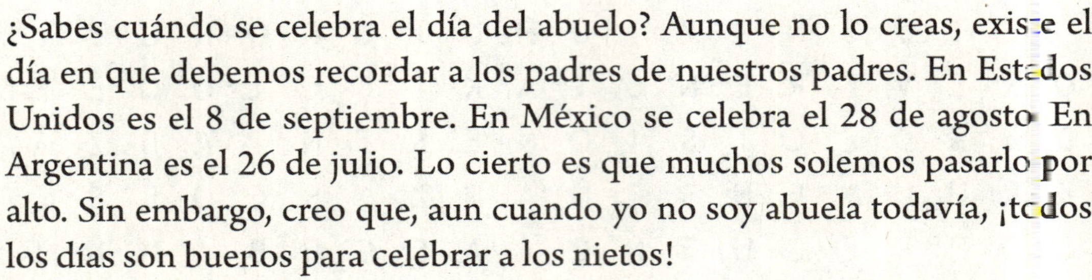

¿Sabes cuándo se celebra el día del abuelo? Aunque no lo creas, existe el día en que debemos recordar a los padres de nuestros padres. En Estados Unidos es el 8 de septiembre. En México se celebra el 28 de agosto. En Argentina es el 26 de julio. Lo cierto es que muchos solemos pasarlo por alto. Sin embargo, creo que, aun cuando yo no soy abuela todavía, ¡todos los días son buenos para celebrar a los nietos!

El día que murió mi abuelo Ronaldo se ha quedado grabado en mi memoria. Me acuerdo del dolor, de las lágrimas y de la sorpresa. Puedo trazar los eventos que se sucedieron desde la mañana hasta la tarde cuando, en un espasmo de tos, dejó de respirar. Pero también recuerdo cuando abracé a mi abuelita para consolarla, y ella me susurró al oído: "Él estaba tan orgulloso de ti".

Loida seguramente también estaba orgullosa de su nieto Timoteo porque él permaneció fiel a las cosas que se le enseñaron. Sabía que eran verdad, porque confió en su abuela y su madre, quienes le enseñaron desde la niñez "las sagradas Escrituras las cuales [le dieron] sabiduría para recibir la salvación que viene por confiar en Cristo Jesús" (2 Timoteo 3:15, NTV).

Quizá tú no tuviste una abuela como Loida. Tal vez no has sido el orgullo de tus abuelos. Pero, si Dios lo permite, quizá tendrás la oportunidad de ser una abuela que pueda enseñar a sus nietos la Palabra de Dios. Aprovecha todas las oportunidades para ser un modelo de fe para tus nietos, y de sembrar en ellos el conocimiento de la Biblia. ¡Sé un ejemplo de fe sincera!

Padre, que mis nietos me coronen de gloria, no por sus fuerzas, sino el ser fieles a tu Palabra.

```
      H J Ú X               Z P F R
    L O P S F H           Á O L T P X
  N E N A A G B P       T E R E B A C R
N Ñ A R T B C E Z C   V X S A G R A D A Í
Í M L A E I H O N V H P E U L A Ñ O X P G
D O T B R D P H M E L S A B I D U R Í A O
Á D A E N U S X Ó P R Ü Ñ R Á O V J S Ó K
L E D N I R K Q G O R A C P A L A B R A J
Q L Ó D D Í Z C J P H O C O D Í G F U N Ü
  O D I A A C O N O C I M I E N T O D F
  É Y C D I É N V R L O S I O S S V I E
    Í I H Ñ K I O T I B M I S N H B Ñ
    Y Ó N C B E U U Ñ E L F D O E A G
      N A J T T R N L D G U E X I S
        M B C O O I L I L Y Ó T J
          C U S Ü D Z E O P B V
            Á E Q A X N R A I
              I L D L C I P
                Á O T I A
                  N S A
                    Q
```

1. Nietos
2. Abuelos
3. Gloria
4. Conocimiento
5. Sabiduría
6. Fe
7. Modelo
8. Oportunidad
9. Sagrada
10. Palabra
11. Obediencia (Efesios 6:1)
12. Honra (Éxodo 20:12)
13. Generaciones (Salmo 78:4)
14. Fe (2 Timoteo 1:5)
15. Sabiduría (Proverbios 4:7)
16. Bendición (Salmo 128:6)
17. Paternidad (Proverbios 17:6)
18. Legado (Deuteronomio 6:6-7)
19. Lealtad (Salmo 101:6)
20. Compromiso (Josué 24:15)

*no incluye los versículos bíblicos

BOCA CERRADA

No respondas al necio según su necedad,
o tú mismo pasarás por necio.

Proverbios 26:4, NVI

En el siglo XXI cada vez más la comunicación tiene lugar en las redes sociales y otros sitios que permiten que los lectores hagan comentarios personales. Esto ofrece cierto nivel de anonimato, lo que atrae a los participantes a responder de forma impulsiva.

Hay una práctica que en inglés llaman el *flaming*. Es el acto de publicar insultos, a menudo con lenguaje altisonante, en las redes sociales. Las personas que acostumbran a hacer esto se especializan en provocar a los demás y se enfocan en aspectos específicos de una conversación controversial. Insultan a los demás, y si nos atrevemos a responderles, el resultado tiende a ser igual de ofensivo.

El proverbio de hoy nos subraya que responder a los necios nos lleva a más necedad. No resuelve nada ni convence a una persona testaruda. En el primer libro de Samuel vemos el caso del rico Nabal, que ofende a David cuando este pide alimento para sus soldados en el desierto, y rechaza ayudarlos. Como resultado, deciden atacar su hogar. Abigail, esposa de Nabal, se interpone y salva la situación. Le ruega a David: "No haga usted caso de ese grosero de Nabal, pues le hace honor a su nombre, que significa ‹necio›. La necedad lo acompaña por todas partes" (1 Samuel 25:25, NVI).

¡Es tan fácil querer responder a las personas que hablan o publican barbaridades! Pero la experiencia nos debe enseñar que responder no resuelve nada; más bien nos agita más y es probable que digamos algo inapropiado. Concentrémonos mejor en comunicar mensajes que edifiquen a los demás.

Señor, cierra mi boca cuando no conviene hablar,
y ábrela cuando hace falta decir lo que a ti te agrada.

S
P A Z
K R U Z X
C O N T R O L
I N S U L T O S C
Ú X R E F L E X I Ó N
R O S A B I D U R Í A R T
T I E M P O A D E C U A D O M
P Á E X P E R I E N C I A X C L I
A L I M E N T O Ú M O D E R A C I Ó N
X S I L E N C I O T E M O R D E D I O S N
D T E S T A R U D A S A B I D U R Í A
I K Ü U G Y B P R U D E N C I A Ñ
S A L T I S O N A N T E U D G
C C O N V E R S A C I Ó N
I É R E S P O N D E R
P R O V O C A R Á
L H N E C I O
I Á K Ó G
N M Q
A

1. Necio
2. Responder
3. Altisonante
4. Alimento
5. Insultos
6. Provocar
7. Conversación
8. Testaruda
9. Experiencia
10. Sabiduría
11. Silencio (Eclesiastés 3:7)
12. Control (Proverbios 21:23)
13. Temor de Dios (Proverbios 10:19)
14. Entendimiento (Proverbios 17:27)
15. Paz (Proverbios 15:1)
16. Disciplina (Santiago 1:19)
17. Tiempo adecuado (Eclesiastés 3:7)
18. Reflexión (Proverbios 13:3)
19. Moderación (Proverbios 18:21)
20. Prudencia (Proverbios 15:23)

*no incluye los versículos bíblicos

SINCERIDAD

Dios aborrece hasta la oración del que se niega a obedecer la ley.

Proverbios 28:9, NVI

Algunas personas dicen que sus oraciones no pasan del techo. ¿Es esto lo que el proverbio de hoy nos dice? Veamos esta historia: Saúl fue el primer rey de Israel. Dios le ofreció la corona, pero él pronto mostró que no pensaba ser fiel a Dios. Por ejemplo, cuando se le ordenó exterminar totalmente a Amalec, Saúl decidió no hacerlo. ¿Qué hizo mal?

Perdonó la vida del rey y dejó que sus hombres se quedaran con lo mejor de las ovejas y las cabras, del ganado, de los becerros gordos y de los corderos. Solo destruyeron lo que no tenía valor o era de mala calidad. Cuando Samuel le reclama por no haber obedecido, él pone como excusa que usarían los animales para sacrificios a Dios. ¿Qué le habrá movido a desobedecer? ¿La codicia? ¿Pensar que Dios exageraba? ¿La presión de grupo?

Saúl siguió un camino descendente de rebelión y desobediencia. Antes de morir, cuando incluso se atrevió a consultar a una adivina, confesó: "Estoy muy angustiado, pues los filisteos pelean contra mí, y Dios se ha apartado de mí, y no me responde más, ni por medio de profetas ni por sueños" (1 Samuel 28:15, RVR1960). Dios aborreció su oración, no porque no quisiera oírlo, sino porque Saúl primero eligió desechar a Dios.

Dios siempre escucha nuestras oraciones. ¿Acaso no todo lo sabe, todo lo ve y todo lo escucha? Pero podemos fingir ser piadosas y orar muy bonito frente a los demás, mientras que en el fondo de nuestro corazón estamos despreciando a Dios, ignorando su consejo o viviendo en pecado. Cuando eso suceda, recordemos la triste historia de Saúl.

Señor, que mis oraciones sean sinceras.

Ú C O N F I A N Z A G B L I É C D Ü B E

T D E S O B E D I E N C I A K O F P Í P

X Ü L D M K Q Á Á Ü T Ú C I Ó R C É H R

O J I P Í Ñ Ñ Z F Ú Z D O E M A I É V O

I Z M U I I V V Ü V E R D A D Z K Ó H F

L J L R N B Q N S Ó Ú É I J H Ó A K Ñ E

L K Y E T D F M V Z L R C Ü P N J N C T

E H Á Z E M Ñ I F P E R I A V L S P B A

A O Ñ A G Á Y S D S Y U A G R I Í E N S

L N P T R T A J K E S Z Ú M L M Ú C A Í

T E P Ó I D F J P O L S Í L Ü P O A K A

A S I N D P L Ó A R B I I A L I O D Y T

D T O Ñ A Ú Ñ X Ú Z A E D N D O Q O J A

Ú I Ó R D R Ü A O U Q Ñ D A C I P E X H

Ú D L Ñ H R E C T I T U D E D E V N Z Ñ

I A E M É Á F X N D Z Y N C C D R I J Y

H D M N A N G U S T I A D O S E F A N F

S H D I R R V O R A C I O N E S R Y S A

V Ü G D K A Ü T X G G R E B E L I Ó N Á

Ú M N S T R A N S P A R E N C I A J F Ó

1. Obedecer
2. Oraciones
3. Rebelión
4. Desobediencia
5. Codicia
6. Adivina
7. Angustiado
8. Profetas
9. Sinceras
10. Pecado
11. Verdad (Juan 8:32)
12. Honestidad (Proverbios 12:22)
13. Integridad (Salmo 25:21)
14. Rectitud (Proverbios 4:25-26)
15. Transparencia (2 Corintios 8:21)
16. Pureza (Salmo 24:4)
17. Fidelidad (Proverbios 3:3)
18. Lealtad (Salmo 15:2)
19. Confianza (Salmo 26:1)
20. Corazón limpio (Mateo 5:8)

*no incluye los versículos bíblicos

LA PUERTA

¡Vengan conmigo los inexpertos!

Proverbios 9:4, NVI

Cuando Alicia visita el País de las Maravillas, llega a un vestíbulo con puertas alrededor, pero todas están cerradas con llave. Prueba puerta tras puerta, ¿por qué? Porque las puertas nos llevan a otro lado. Ella no quería quedarse en ese pasillo para siempre. No fue hasta que encontró una diminuta llave de oro sobre una mesita de tres patas que logró salir a un jardín.

En la vida también hay puertas. En este capítulo de Proverbios encontramos dos: la de la sabiduría y la de la necedad. Y ambas nos invitan a entrar. ¿Y qué hallaremos detrás de ellas? Si decidimos pasar por la puerta de la necedad nos toparemos con la muerte, pues sus invitados están en lo profundo de la tumba. ¡Qué terrible! ¿Y qué hay detrás de la puerta de la sabiduría?

La puerta más importante en nuestra vida no es una de madera, sino una persona, la Sabiduría misma. Jesús dijo: "Yo soy la puerta; los que entren a través de mí serán salvos. Entrarán y saldrán libremente y encontrarán buenos pastos" (Juan 10:9, NTV). Si decidimos cruzar el portal de la salvación que Jesús ofrece, ¡estaremos en un bello jardín! ¡Mejor que el de Alicia!

No dejes a un lado la invitación más importante de la vida. Jesús es la puerta. Jesús está a la puerta. Y te dice: "Si oyes mi voz y abres la puerta, yo entraré y cenaremos juntos como amigos" (Apocalipsis 3:20, NTV). ¡Abre hoy!

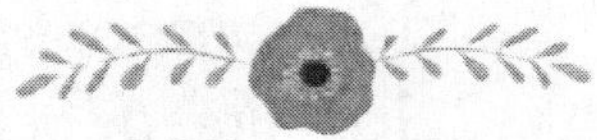

Jesús, gracias por ser la puerta. Quiero entrar a esos pastos que ofreces.

J U I C I O P   D I M G O Á Y

E O S Ñ M N R E   Q Í I X U Y V H

Á A   P A E Ó E O O   K Q N K Z E Q   B H

L V K U L N V C T P   Y C Í E J A R D Í N

I Ú D E V T U E E O   R E F U G I O T K E

M E G R A R N D C R   O N K R B F Ú Z E Í

Ü Ú M T C A Ú A C T   S A B I D U R Í A Ú

Ü É Q A I D Z D I U Z L Ü Ó D O Ñ L U Í J

L Z F S Ó A F O Ó N I C E R R A D A N P G

C Á I N Á Ó H N I Y N X B A C C E S O

J Q V D D M V L Ñ

É I I B P Ó V R A B L R I I O E L S L

Z U C N E N T R A D A Ü B É T Ü M Q U Í B

Z L É E U N I A Ü É Í S A L V A C I Ó N Ñ

V M Q X Q V I G I L A N C I A J C Á O U G

Y K O P A S T O S Ú   M Ñ K C X A I D X T

J É S E V Í I L D É   U O Y C T M É Ó Ñ D

Y H F R N P Y U Ú D   Ü Ú Ñ Í Z I L K N B

Z G   T V É S V H Ü   S Ü U C R N Ü   Ü T

F O S A U Y O K   Ü B Y E Q O X X

G S O R O Ü É   Í P R Ñ Í I X

1. Inexpertos
2. Puertas
3. Sabiduría
4. Necedad
5. Muerte
6. Invitación
7. Salvación
8. Entrada
9. Pastos
10. Jardín
11. Entrada (Juan 10:9)
12. Cerrada (Apocalipsis 3:7)
13. Vigilancia (Marcos 13:34)
14. Camino (Mateo 7:13-14)
15. Acceso (Hechos 14:27)
16. Salvación (Juan 10:7)
17. Refugio (Salmo 118:20)
18. Oportunidad (1 Corintios 16:9)
19. Protección (Isaías 26:2)
20. Juicio (Apocalipsis 3:20)

*no incluye los versículos bíblicos

NO HAY VUELTA ATRÁS

Como la justicia conduce a la vida,
así el que sigue el mal lo hace para su muerte.

Proverbios 11:19, RVR1960

No es un secreto que famosos cantantes de heavy metal o rock pesado se han declarado adoradores de Satanás. Las letras de sus canciones van desde invocaciones, adoraciones al maligno, hasta mensajes que pueden incitar al suicidio.

Marilyn Manson lanzó su álbum *Antichrist Superstar*. El fundador de la Iglesia de Satán lo nombró "Reverendo" por promover las ideas satanistas en su música. A Manson y su banda se les atribuyó influenciar negativamente a los chicos que participaron en la masacre de Escuela Preparatoria de Columbine, donde murieron 15 personas. A finales de los años noventa, una madre culpó a Manson de incitar a su hijo a suicidarse, ya que cuando encontraron muerto al adolescente, se estaba reproduciendo la canción "Antichrist Superstar".

Lo interesante de todo es que cuando alimentamos nuestra mente de música, películas o series que exalten la muerte, fomenten la muerte o provoquen nuestro interés en cosas satánicas, estamos siguiendo a aquellos que nos conducen a un mal camino, como dice el proverbio de hoy. ¡Cuántas personas han terminado muriendo por una sobredosis de droga! Una cosa lleva a la otra.

Sigamos los caminos justos, que son los de obediencia y temor de Dios; sendas que nos conducirán a la vida abundante, no solo en la vida física que es temporal, sino la que es eterna. ¿A quién seguimos en nuestras redes? ¿Quiénes son los "*influencers*" a los que admiramos? Sigamos primeramente a Jesús.

Jesús, he decidido seguirte. No vuelvo atrás. Mis ojos están puestos en ti.

E M Y V D Ñ V A M N
C Ó S L Y V M C V K A O K C
U I J U C C O M P R O M I S O X I Í
O S K Z X I M C G Á B Ñ Q F O L E T B E
F O Q Ü A V A N C E O B E D I E N C I A S K
L I S F Ñ E   Ú Á I M Z F   Ü É B É S P
Ü Ó M T Í Í F   Ñ K G Ú J H   G F Y L G É
D P D J I F L   Ü É K F K J   X C Í M Á K Ú
D Á G E A M Ü Í   Ó T U J E Y   B Ñ Ó R V B Ü P
D E Z V R F L Ó   S S Z V X K   P P C K N G N R
O G U C B N S B B   E T X I M Ú   Y X T N R P H F U
A Á M G I U S E N   C É R D O B   Y F O Ó I Ü G I O
X E G Ú R S Í S V   S É F A U D   U H J I X V C B E
Ú T C Ñ Ú E I A A E É Ñ E Ü L H K Z O B E D I E N C I A M K
M E B S V A D Ó Y F R R Ü M U E R T E Í X V G H R Á Q M A D
U R Y É A C Ó E N V M A D Í B P S Q R M Á B V P U A Ú I L I
H N V O B Ú U H N Ó Ü Q N L B T N H U Ú K S Q D K X J N N G
P I J Ü A A P Ó É C Z O O C É Á A U G D U Y G J C A M O P Z
Ú D Ñ F N   V B Á H I E A F I N F L U E N C I A   X T M S Í
Ú A Í I D   H E N J Ó Ü X D A G X C E M Ú U   V I Ú Q Y
D S R O   J L P T N E M U S T P Ü Y E H   O I S F
G S M N X   Ú Ñ L I E
Y E O P V   É É J G C
P Z Z Z X G   L J V R Y A
A A L T R A N S F O R M A C I Ó N N T É J V H J
C Á Ó F Ú O I H X I J U S T I C I A H I K U
Ó E A D O R A D O R E S N Z Ñ Ñ Ú G F Ñ
L L A M A M I E N T O P N M Ü B P J
R R Á F P Q O K E O Z T O Ó
Ó N C K C A Ó T V A

1. Justicia
2. Vida
3. Mal
4. Muerte
5. Adoradores
6. Camino
7. Música
8. Influenciar
9. Obediencia
10. Eternidad
11. Compromiso (Lucas 9:62)
12. Perseverancia (Filipenses 3:13-14)
13. Firmeza (1 Corintios 15:58)
14. Transformación (Romanos 12:2)
15. Llamamiento (Filipenses 3:14)
16. Obediencia (Lucas 9:23)
17. Decisión (Mateo 16:24)
18. Avance (Hebreos 12:1-2)
19. Redención (Efesios 4:22-24)
20. Abandono (Lucas 5:11)

*no incluye los versículos bíblicos

CARA DE ENOJO

El necio muestra en seguida su enojo,
pero el prudente pasa por alto el insulto.

Proverbios 12:16, NVI

Tengo un alhajero traído de España hecho artesanalmente con una técnica llamada taracea, que consiste en cortar pequeños trozos geométricos de madera, nácar, metal o cualquier otro material, e incrustarlos para crear un mosaico armonioso y adornar alguna superficie. El alhajero descansa sobre cuatro patas de madera en forma de esferas pequeñas del tamaño de un chícharo. Hace muchos años que lo tengo y le he tomado mucho aprecio.

Un día llegué a mi casa y el alhajero no estaba en el lugar acostumbrado. Mi hermana, al pasar, lo había tirado y le faltaba una de las patitas. Lo cambió de lugar y lo recargó sobre la pared de mi cómoda para disimular que estaba cojo. Para su mala fortuna, descubrí el engaño y me molesté muchísimo. Hubiera preferido que me dijera lo que había pasado para buscar la patita perdida. Recuerdo haber barrido mi casa y haber visto una bolita de madera que me pareció insignificante, de modo que la tiré a la basura. Estaba guardando mi enojo para el momento de ver a mi hermana y echárselo en cara.

¿Qué hice entonces? Decidí hacer caso de nuestro proverbio y dejé pasar por alto el insulto. Estuve convenciéndome a mí misma de que la relación con mi hermana es más valiosa que la pata de un alhajero. No sé si pueda reemplazar la patita perdida. Quizá no. Pero creo que el Señor se honra cuando obedezco su Palabra antes que dar rienda suelta a mi enojo.

¿Cómo reaccionas cuando te enojas? Si muestras en seguida tu enojo, la Biblia te llama necia. La manera de reaccionar ante las circunstancias habla mucho de cómo está nuestro corazón. Alza tu voz al Señor pidiendo ayuda para dejar de reaccionar mal ante tu enojo.

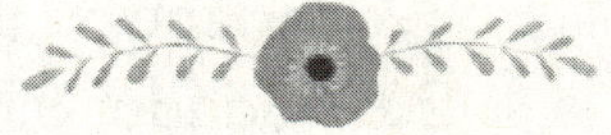

¡Líbrame de mostrar mi enojo enseguida, Señor! No quiero ser necia.

Q

Q

A R N

M E T

N L T

C C A Y S

Ó O C F H

L N I U E

N E T Ó R R Ú

Ñ R I N I M G

É A E R A A I

M Á I R E A C C I O N A R N Á C N R Y B Z R E N C O R K K

P R U D E N T E E S H D D B Á A A I M A L G E N I O Ñ

N K D Ñ N Ü Ñ U V H A I N S U L T O Í B Q R N

Y F V Ó S B Ó É N E C I O C B Í V P B Á T

P R E S E N T I M I E N T O A H C H B

C M I M Z Z S I Ü K O T L B H

O K N C B O K M Y U E H Á

R K D Y U Z H L O N A

E A A I P D Ó H K O J

N Á Z Ú G R A Q Ü J E

D O Ó Q Ó I N O M U O R A

Ñ J Z Q D N X A V A E O Ü

P O K X P B P C E R N X

E H F B F Z C I R G Ó É

C B Q Ü L F Ó B U Ñ

N Á R N I R

A M E Ñ O A

Z L Z Q

É T

1. Necio
2. Prudente
3. Enojo
4. Insulto
5. Alhajero
6. Hermana
7. Relación
8. Reaccionar
9. Corazón
10. Proverbio
11. Ira (Proverbios 14:17)
12. Furia (Proverbios 19:19)
13. Resentimiento (Efesios 4:31)
14. Mal genio (Proverbios 22:24-25)
15. Enojo (Salmo 37:8)
16. Cólera (Proverbios 15:1)
17. Indignación (Salmo 7:11)
18. Amargura (Colosenses 3:8)
19. Contienda (Proverbios 15:18)
20. Rencor (Marcos 11:25)

*no incluye los versículos bíblicos

CRIATURA DELEITABLE

Jugueteaba en el mundo creado,
¡me sentía feliz por el género humano!

Proverbios 8:31, DHH

Me encanta imaginar que Dios jugaba con Adán en el huerto del Edén. ¡Y así era! Nuestro Dios es un Dios juguetón que le encanta reír y tener sentido del humor. Estaba muy feliz de haber creado algo tan parecido a Él que disfrutaba pasar tiempo con el hombre.

¿Qué padre o madre no disfruta ver a sus niños felices y hasta participar en sus juegos? ¿Se imaginan la mirada de amor del Señor al contemplarnos y sonreír con nuestras ocurrencias? ¿Recuerdas que después de comprar un juguete a tus pequeñitos te sentaste a jugar con ellos? Pienso que nuestro Dios sonrió con cada ocurrencia de Adán al ponerle nombre a los animales, y seguramente participó de sus travesuras.

Nuestro Señor quiere disfrutarnos y anhela nuestra compañía. Nuestro versículo es tan expresivo que nos hace sentir felices si sabemos que nuestro Dios es feliz con nosotros, ¿no es cierto? La Nueva Versión Internacional así lo expresa: "Me regocijaba en el mundo que él creó; ¡en el género humano me deleitaba!".

La vida cristiana es muy diferente a como el mundo la concibe. Disfrutar de Dios es muchísimo mejor que disfrutar cualquier cosa que el mundo pueda dar. El mundo piensa que Dios es aburrido, pero en realidad no ha probado su intimidad. ¡Que todas nosotras podamos disfrutar el lado divertido y juguetón de nuestro Dios para que otros lo conozcan también

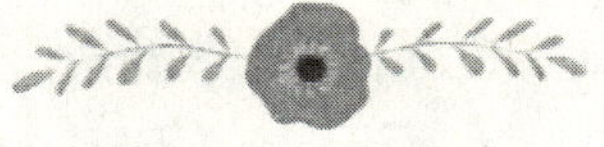

Señor, gracias porque te deleitaste en crearme.

E D

K I

C S

A P Q T B Á I F Z I G

R E G O C I J A B A R Ó N Ú D F

G Á P E V Z O D Ñ I Z D U F Ú N E F

M Z U A M U N D O Y Á Ñ C T Q J L C

R F X Q M B E N D I C I Ó N É A Í I R B

E A M C O G R A C I A O C Z I O R C E Ó

Q L X U R R Q Ñ T D Y O X Ü D E Z E A H

Y S L J A Ñ C O M P A Ñ I A V C V S C G

C O Q U O B R A P E R F E C T A Ü E I C

J P L G J C R E A R H R E Z O S V D Ó N

J D G U Ü T H E R M O S A G O Z O L N Q

P F E C X O C U R R E N C I A S B C

Á O T J Ü Y Q Í Q Z P R V C A M O R

Á Ó C E N P L E N I T U D Y E N

N D T M A R A V I L L A Ñ Á

E R É L U Z Ü Ó D H U K

N G K Z F

1. Falso
2. Juguetón
3. Felices
4. Disfrutar
5. Amor
6. Compañía
7. Ocurrencias
8. Regocijaba
9. Mundo
10. Crear
11. Creación (Génesis 1:31)
12. Maravilla (Salmo 139:14)
13. Hermosa (Cantares 4:7)
14. Bendición (Génesis 1:28)
15. Plenitud (Salmo 16:11)
16. Obra perfecta (Deuteronomio 32:4)
17. Amor (Cantares 7:6)
18. Gozo (Salmo 104:31)
19. Gracia (Efesios 2:10)
20. Luz (Mateo 5:14:)

*no incluye los versículos bíblicos

ESFUERZO

La riqueza lograda de la noche a la mañana pronto desaparece; pero la que es fruto del arduo trabajo aumenta con el tiempo.

Proverbios 13:11, NTV

Jocelyn Wildenstein, también conocida como la mujer gato por sus muchas cirugías plásticas, adquirió su fortuna al divorciarse en 1999 del millonario Alec Wildenstein. En 2018 se declaró en bancarrota y se descubrió que solía gastar hasta un millón de dólares al mes. Hoy no tiene nada. El proverbio de hoy nos dice que la riqueza que llega de la noche a la mañana desaparece pronto, y por eso nos invita al arduo trabajo. ¿Y qué mejor ejemplo que el de Johann Sebastian Bach?

Cuando la sociedad Bach Gesellschaft decidió publicar toda la obra del compositor Bach, tardaron más de cuarenta y seis años, y la edición completa llenó seis volúmenes. La pregunta es: ¿cómo logró el músico producir tanto material, y de buena calidad, mientras realizaba una docena más de funciones como organista, director musical, maestro particular, tutor de latín, esposo y padre de veinte hijos? ¿La clave? Él mismo lo dijo: "He sido creado para trabajar; si eres igualmente industrioso que yo, serás igual de exitoso".

Hemos sido creadas para trabajar porque el Creador nos ha dado un modelo a seguir. Jesús dijo: "Mi Padre siempre trabaja, y yo también" (Juan 5:17, NTV). Nuestro proverbio compara al que se enriquece prontamente por el azar o la vía criminal, con los "Bachs" de este mundo que en medio de sus roles y responsabilidades encuentran el tiempo para hacer aquello que glorifica a Dios.

¿Qué te apasiona? ¿Las artes o las manualidades? ¿El estudio o la ayuda social? Lo que sea que Dios ponga en tu corazón, sigue el ejemplo de Bach. Primero, trabaja. Segundo, dedica tu trabajo a Dios.

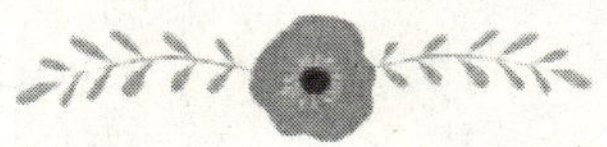

Padre, tú eres un claro ejemplo de arduo trabajo. Ayúdame a ser como Tú.

X

T H A

D Á Z F

A I Z I Ü G

E T P Ü F V R

Á E O J E S B I P

C G A N T R Ñ Q C F

F G D D T E I S U H Ú E

U G E S L R K V E G M F I

Ñ E E D K T U A B Z R Ü H Ó Í

S R N I T D C C B A P V V E T Ñ

U Z Z T C Z R I Ü H A F A E H Á K Ó

V Y A R A H L A E Z A J Ü S R Á T G O

X Ó P Í E C D Q A B Ú Ó M O C I A É A X T

G Í Ü Ü G I Q I A U A A D G B Á Ó N F Í Ñ T

D É B J U A Ó B A Q I G J J Ñ P D A N C M M Ú M

Z Á D R Á V N N H Í K Í Ú O T O R G A N I S T A Ü

D V D J V Q M Y Á R K E D C O N S T A N C I A R D U O

N F Ú T M D D Ü N Ó C E D V E Q G Ü P L Ü S X P X X V F

S G F F O R T U N A D B Í L Ú Á B A N C A R R O T A Y U J Q

X

R

Ó

X Y H K Ü N H Ú Q Z M T D C R E A D O R P E S F U E R Z O L

Y Y I Ú M E N B S H Ü Ú B P I T R A B A J O D U R O V B

A I N D U S T R I O S O K Z M O B C Q Ó F C U B R O Á D

Z G G K G R O Q S E J E M P L O O F J Í B Ü T Á Ü X

G R E Q V Ú T O C T C Ó I S U F R I M I E N T O L I

D M O L R J N B K Ó Í K O Z Á E Ü P E G É Í Ó B

1. Riqueza
2. Arduo
3. Trabajo
4. Fortuna
5. Bancarrota
6. Organista
7. Industrioso
8. Creador
9. Ejemplo
10. Pasión
11. Trabajo (Colosenses 3:23)
12. Perseverancia (Hebreos 12:1)
13. Dedicación (1 Corintios 15:58)
14. Trabajo arduo (Proverbios 14:23)
15. Sufrimiento (Romanos 8:18)
16. Lucha (1 Timoteo 6:12)
17. Esfuerzo constante (Gálatas 6:9)
18. Entrega (Filipenses 3:14)
19. Fuerza (Isaías 40:29)
20. Constancia (2 Pedro 1:5-6)

*no incluye los versículos bíblicos

DAME AMOR

Mejor es la comida de legumbres donde hay amor,
que de buey engordado donde hay odio.

Proverbios 15:17, RVR1960

Nuestra mente es maravillosa. Algún olor en particular nos puede remontar a nuestra infancia y activar recuerdos que yacen en nuestra memoria. Recuerdo el dulce de coyol que hacía mi abuela. El coyol es un fruto de piel amarilla verdosa que parece un coco en miniatura. Proviene de un tipo de palma que puede medir de 10 a 20 metros de alto. Al hervir con piloncillo, conocido también como panela, se hace un dulce espeso de color café. Se puede chupar el coyol con este dulce y el sabor parece nunca acabarse.

Hay personas que disfrutan el arte de cocinar. A otras se les puede hacer pesado tener que hacerlo todos los días. Un cocinero en uno de sus tutoriales de recetas en YouTube dice: "Se cocina con amor, no por obligación". He tratado de adoptar su lema.

La mujer puede influir en su hogar para generar una atmósfera de amor. Colosenses 3:23 nos motiva a tener una buena actitud: "Y todo lo que hagáis, hacedlo de corazón, como para el Señor y no para los hombres" (RVR1960). Si tenemos que cocinar, planchar, o barrer hagámoslo con amor, porque a quien servimos es a Dios.

No importa si tenemos poco o mucho, ocupémonos en crear buenos recuerdos para nuestra familia. Procuremos un lugar como el que describe un bello himno: "Donde la madre con devoción sepa mostrarnos tu compasión; do todos vivan en comunión. Donde los hijos con decisión sigan a Cristo de corazón, do se respire tu bendición".

Señor, ayúdame a hacer todo con amor.

L C Y P C F E Y

V Y Ü O Z T F A Á I L K

F X Ü É M D C R Ú R Ú S Q Y

B Í Ó C E I E G U O A I D F Í K

Í E F K O L D J H T M T Q D Z Ñ T N

Á N Ü N V E A S A O B M T Ú A K B H

O A E K K H M Y E Y D G Ó S L C D E B O

K S V A S É I D R F E G S M M P H N Q Q

Y B O M Z E S Y V Z L E F J E S R G F J

J P L O D S E Y I I E N E F J Á B O Q J

X E E R R A R Y C C S E R C O L U R Ñ S

T R N I G C I Y I U P R A O R E Ó D B F

K D C Y C R C I O K Í O B M Ó G R A M K

T Ó I K N I O Í A M R S U P N U N D K S

N A X K F R N M É I I E A F M U O D

K C L Ó I D V O Ó T D Y S O B L K Z

Í J Ú C I O R P U A Z I D R I K

F U I A Z N U K D H Ó I E R

C O L U A D L X X N O S

S F Ñ Ñ E R Q Ñ

1. Comida
2. Legumbres
3. Amor
4. Buey
5. Engordado
6. Odio
7. Atmósfera
8. Mejor
9. Donde
10. Hay
11. Amor (1 Corintios 13:4-7)
12. Caridad (1 Corintios 13:13)
13. Compasión (Mateo 9:36)
14. Benevolencia (Proverbios 11:25)
15. Servicio (Gálatas 5:13)
16. Perdón (Efesios 4:32)
17. Misericordia (Mateo 5:7)
18. Generosidad (2 Corintios 9:7)
19. Sacrificio (Juan 15:13)
20. Fruto del Espíritu (Gálatas 5:22-23)

*no incluye los versículos bíblicos

SEGURO Y PROTEGIDO

Torre inexpugnable es el nombre del Señor;
a ella corren los justos y se ponen a salvo.

Proverbios 18:10, NVI

Las Torres Gemelas del World Trade Center de Nueva York fueron en su tiempo los edificios más altos del mundo. En el año 2001 sufrieron un atentado terrorista y fueron derribadas, con lo cual fallecieron cerca de tres mil personas. A pesar de lo alto e imponente de estas estructuras, no eran inexpugnables; aun la torre más conocida de la historia antigua, la torre de Babel cayó.

En los tiempos bíblicos, el propósito de las torres era proveer protección. En el libro de los Jueces, leemos sobre la ciudad de Tebes, que tenía "una torre fortificada, a la cual se retiraron todos los hombres y las mujeres, y todos los señores de la ciudad; y cerrando tras sí las puertas, se subieron al techo de la torre" (Jueces 9:51, RVR1960).

En este proverbio se compara el nombre del Señor con una torre fuerte e inexpugnable, una fortaleza firme que pone a salvo a los que corren a él. No puede ser destruida por flechas de fuego ni tampoco por aviones bomba, como las torres de Nueva York. Es una torre eterna.

Así como los habitantes de Tebes, tenemos una torre a la cual correr y ponernos a salvo cuando los embates de la vida amenazan destruirnos. A diferencia de ellos, sabemos que nuestra torre no podrá caer. Hoy, ante críticas, dificultades externas o luchas internas, ¡corramos a esa torre segura!

Padre, gracias porque en ti tengo seguridad
y protección en medio de este mundo inestable.

K E Y M T U Ü D
N D Y O I F Á K Z I Z Y
R Z Ñ O É L R O A X Y J E K N P
A Z F Z Q F P E S Ó D T P M B X R V S F
V D L Z B O R F L X Á F O R T A L E Z A Í
E Q E J H R A U U I Z V R E F U G I O Ñ Ñ
S U C A A T M G C I N E X P U G N A B L E
Ú P H M B A P I L N T O R R E J U S T O S
Y A A P I L A O P R O T E C C I Ó N Ó C T
O S A T E R S O Q I M P O N E N T E L
S Ñ R A Z O E Z V K J B M Q G Ñ Y Á Y
E O N A D G Ó M P C Y R R U B Ú F
T A T Á I U E P R O F Z E A Ó A Q
Y E P V R S C O N I Y Í R T Ü
S E I O C E T F R I Ü D O
E N J U R E I M S T A
O T D C C A E E H
Ú O A C N E T
Ó Ü I Z K
H Ó A
N

1. Torre
2. Inexpugnable
3. Nombre
4. Imponente
5. Justos
6. Fortaleza
7. Flechas
8. habitantes
9. Protección
10. Firme
11. Refugio (Salmo 46:1)
12. Fortaleza (Salmo 18:2)
13. Escudo (Salmo 3:3)
14. Protección (Salmo 91:4)
15. Refugio seguro (Proverbios 18:10)
16. Amparo (Salmo 121:5)
17. Amparo divino (Isaías 32:2)
18. Confianza (Proverbios 29:25)
19. Guarda (Salmo 121:7)
20. Cerca (Salmo 34:7)

*no incluye los versículos bíblicos

PROVISIÓN ABUNDANTE

Así como el rico gobierna al pobre,
el que pide prestado es sirviente del que presta.

Proverbios 22:7, NTV

Hoy en día nos bombardean las invitaciones a comprar cosas para estar felices, y los ofrecimientos de tarjetas de crédito y préstamos para consumir se multiplican más y más. En México, el 62% de los que poseen estas tarjetas consideran que fue su más grande error financiero. En los Estados Unidos, la deuda promedio ¡es de quince mil dólares!

Este proverbio nos advierte que endeudarse equivale a la esclavitud. En los tiempos del Imperio romano, existía el término *addictus* para un deudor insolvente que se podía vender como esclavo. Hasta el siglo XIX en Europa, existían las prisiones de deudores, donde los que se internaban trabajaban para pagar su deuda.

Conexión con la Escritura

En el Nuevo Testamento, se nos exhorta a estar contentos con lo que tenemos. Pablo insiste: "¿No se dan cuenta de que uno se convierte en esclavo de todo lo que decide obedecer? Uno puede ser esclavo del pecado, lo cual lleva a la muerte, o puede decidir obedecer a Dios, lo cual lleva a una vida recta" (Romanos 6:16, NTV).

Muy frecuentemente recibo llamadas del banco para ofrecerme otra tarjeta de crédito o un préstamo para alguna necesidad o proyecto. Cuando me niego a aceptar su ofrecimiento, a veces preguntan por qué. Más de una vez he contestado que, según la Biblia, no es bueno deber nada excepto el amor (Romanos 13:8). Las tarjetas de crédito pueden ayudarnos, especialmente en una emergencia, pero también nos pueden esclavizar de por vida. Confiemos en Dios para que provea lo que más necesitamos.

Señor, Tú sabes lo que necesito. Confío que proveerás en lo económico y mucho más.

S

É U N

F Ú F D O

B C L I E P C

L I G P C U R T U

Z M Ó Ó Ñ I D O C I G

M I G Ü É R E O V P O E R

P I D E P J D N R I M S S R A

P R É S T A M O C E S S I C E R C

I M Ú P O B R E J I S I R R L R C O I

A B U N D A N C I A A Q Ó I V A I E H R A

B E N D I C I Ó N Á Ü N Q I V C S B A

G E N E R O S I D A D U E I O R Ú

O G O F R E C I M I E N T O Z

B Ü G U M D L Ú V Z T U F

I I I E A É I I A E D

E Í X N N B N S M

R É Q T Á A A

N F Ó E M

A Y J

Ó

1. Rico
2. Pobre
3. Gobierna
4. Pide
5. Préstamo
6. Sirviente
7. Error
8. Deudores
9. Esclavitud
10. Ofrecimiento
11. Abundancia (Filipenses 4:19
12. Riquezas (Efesios 3:16)
13. Bendición (Deuteronomio 28:2)
14. Maná (Éxodo 16:4)
15. Suficiencia (2 Corintios 9:8)
16. Cosecha (2 Corintios 9:10)
17. Provisión divina (Salmo 23:1)
18. Fuente (Salmo 36:8)
19. Generosidad (Proverbios 11:25)
20. Gracia (Romanos 8:32)

*no incluye los versículos bíblicos

NUEVAS MISERICORDIAS

Reconócelo en todos tus caminos,
y él enderezará tus veredas.

Proverbios 3:6, RVR1960

Caperucita desobedeció las instrucciones de su mamá de no hablar con extraños. El gran bosque tenía diferentes caminos y veredas que el lobo conocía a la perfección. El malvado le aconsejó desviarse por el camino equivocado, uno más largo para que él pudiera llegar primero a la casa de la abuela. Caperucita cayó en la trampa, lo que casi le cuesta la vida. Seguramente conoces los detalles del cuento.

Escribimos nuestra historia con las elecciones que tomamos. Aun cuando la Biblia nos revela las instrucciones de Dios para nuestra vida, nos desviamos del camino como Caperucita. Tomamos atajos queriendo llegar más rápido a lo que deseamos. Cuando no conocemos la verdad, las mentiras del enemigo nos pueden confundir. Existen áreas de nuestra vida que queremos controlar. Pareciera que no creemos que en verdad Dios tiene lo mejor para nosotros.

El proverbio de hoy es un mandamiento con una consecuencia. Si reconocemos el señorío de Dios en cada área de nuestra vida, en absolutamente todos nuestros caminos, aun cuando ya están torcidos, Él tiene poder para enderezarlos. "Encomienda al Señor tu camino; confía en él, y él actuará". (Salmo 37:5, NVI).

¿Existe alguna área de tu vida que no le has entregado a Dios? Nunca elijas el camino de la desobediencia, ese se dirige directamente al fracaso. Ten paciencia, no tomes atajos.

Señor, tus misericordias son nuevas cada mañana. Por favor, endereza mis caminos.

B R P M U K P É V B C A M I N O S U L H
B N Ü N N P Ü E É R E N O V A C I Ó N Ó
É N Z P C Y D I R Ó B M B O N D A D Z P
Í Ú G I V C G M S D I D O Y A Ü P G D Ó
R L Ó E H É Y L F Ú Ó V G F R O V Á E V
Ú Ú K D C C O I M R Á N D I B I I X S D
I Á P A Ú M O F A Ü A D E D B F D M O Í
H N G D E S Q N Z Ü Z Ü F E X V A I B O
K L S S Ü E D D T G S F Ú L E G Ü S E É
Í Z H T L N L E T R H D X I Q S B E D X
C F U B R U D E S E O X G D G E I R I I
N Ó N E P U G Ñ C V R L Ü A T Ñ X I E O
O Ñ C V R N C R C C I N A D Y O Ü C N S
V E R E D A S C A M I A U R F R X O C J
Ó Z E D F X M Í I C K O R R B Í Z R I S
Ñ E M Á P Ü S J L O I C N S A O M D A Ñ
J Ó H E T P H É Y P N A C E E D Q I C U
K P A C I E N C I A I E Z D S J Ü A Ú Z
J Y N G P R A C O M P A S I Ó N S N É Ñ
A Ü J T O R C I D O S Ü Ó K B Ú F Ó Ü É

1. Veredas
2. Caminos
3. Desviarse
4. Elecciones
5. Controlar
6. Señorío
7. Desobediencia
8. Instrucciones
9. Vida
10. Torcidos
11. Misericordia (Lamentaciones 3:22-23)
12. Fidelidad (Salmo 36:5)
13. Compasión (Salmo 103:13)
14. Perdón (1 Juan 1:9)
15. Renovación (Isaías 40:31)
16. Gracia (Efesios 2:4-5)
17. Ternura (Isaías 49:15)
18. Bondad (Salmo 145:9)
19. Piedad (Salmo 103:11)
20. Paciencia (2 Pedro 3:9)

*no incluye los versículos bíblicos

ANCLA DE SEGURIDAD

Aférrate a la instrucción y no la descuides;
ponla en práctica, pues es vida para ti.

Proverbios 4:13, DHH

En el 2020 comenzó la pandemia. La enfermedad COVID-19 hizo estragos en el mundo entero. Vimos gente con desesperación y miedo, tratando de no contagiarse. Otros, incrédulos, no han aceptado la situación de emergencia y no toman las medidas necesarias.

Unas chicas, preocupadas por que su madre se contagiara, siguieron minuciosamente las medidas de higiene recomendadas por el gobierno. No salieron a ningún lado, salvo por víveres. Portaban su mascarilla y no se tocaban la cara por ningún motivo. Al regresar a casa, se quitaban la ropa y los zapatos con los que habían salido, los desinfectaban y se bañaban. ¡Con qué urgencia se aferraron a las instrucciones porque de ello dependía la vida de su madre!

Pienso que de la misma manera debemos aferrarnos a las instrucciones que Dios nos da en su Palabra y seguir absolutamente todo lo que el Señor espera de nosotros. Como el salmista dijo: "Me aferro a tus leyes. Señor, ¡no dejes que pase vergüenza!" (Salmo 119:31, NTV).

La actitud con la que leemos la Biblia y la obedecemos, ¿es una actitud de urgencia? ¿Estamos conscientes de que aferrarnos a lo que Dios dice es vida para nosotros y para los que nos rodean?

Padre, me aferro a tu Palabra.

U R Y R B Ü L   G R P Í C H M
Q F Y E E S Í F   Ñ F C P I U Ó Ü
Í Á   R T F S A S H   X Ü J R Ú Á F   Ú A
D G V K H U T L I S   A R D O T A M D G X
Ú E K O Í G A V Z A   Ü H E T Y O N Ú E L
Y I S K Ú I B A G B   T Ó S E S É T É V Q
O F E C Y O I C R I   Ó Ú E C P J Y F D Í
X X N Ú U O L I O D M M A S C A R I L L A
Á Q R H V I I Ó C U Ó D I P I E S J C Á O
Z S S B T D N A R Ñ S U E Ó I X Q A T
A E S Í U Y O R N
Z Y L T Z D Z S A H Í H A S É Ü Z X R
É I H Ú V A A I N S T R U C C I Ó N Ñ Z V
N E S P E R A N Z A F B X I P C U L X Í Z
R E F U G I O S E G U R O Ó R Q G A D Ó Ú
Ñ C O N F I A N Z A   Z É N E Ú C C A Y Q
Á I É Ú G S R N L V   Ñ R É Ó Q R T R Ó X
V E R G Ü E N Z A I   R S E G U R I D A D
Á O   Ó R L Q Ü F D   M Q L C L P T   V M
P A N D E M I A   J U M E Ü S U Á
V Í V E R E S   R G O Q O D N

1. Pandemia
2. Instrucción
3. Desesperación
4. Descuides
5. Víveres
6. Mascarilla
7. Vida
8. Vergüenza
9. Sabiduría
10. Actitud
11. Esperanza (Hebreos 6:19)
12. Refugio (Salmo 91:2)
13. Seguridad (Salmo 62:6)
14. Fe (2 Corintios 1:24)
15. Confianza (Proverbios 3:5)
16. Roca (Salmo 18:2)
17. Refugio seguro (Proverbios 18:10)
18. Protección (Salmo 121:5)
19. Estabilidad (Isaías 26:3)
20. Salvación (Salmo 62:7)

*no incluye los versículos bíblicos

DEBILIDAD

Porque a muchos ha hecho caer heridos [la mujer adúltera], y aun los más fuertes han sido muertos por ella.

Proverbios 7:26, RVR1960

Una pareja de la India murió al caer a un abismo en el Parque Yosemite en California, cuando se tomaban una *selfie* a la orilla de la montaña. Una joven de 20 años falleció al resbalar en la cortina de la presa Malpaso, ubicada en el municipio de Calvillo, pueblo mágico del estado de Aguascalientes. También se tomaba una *selfie.* ¿Qué tienen en común estos casos? Todos pensaron que podían acercarse demasiado a la orilla sin caer al abismo. Se sintieron muy fuertes y estables, pero cayeron y murieron.

La alegoría de este ejemplo con el proverbio de hoy es muy clara. Proverbios 7 es un relato detallado de alguien cayendo en la inmoralidad sexual. Puede simbolizar las pasiones juveniles y la tentación de los placeres de la carne. Es un instructivo de las fatales consecuencias físicas y espirituales de caer en el pecado. Sin embargo, al igual que los que murieron tomándose una *selfie,* muchos, sintiéndose fuertes, han caído. Seguramente se acercaron demasiado al límite.

"Por tanto, el que cree que está firme, tenga cuidado, no sea que caiga". (1 Corintios 10:12, NBLA). Dios nos conoce bien. Escuchemos la advertencia. Es muy triste mirar matrimonios heridos, destrozados por el pecado, y aun líderes que en un momento fueron fuertes y han salido heridos.

Que podamos mantenernos firmes en nuestro compromiso de pureza y santidad. No se trata de no acercarse demasiado a los límites. Se trata de huir de la tentación y mantenernos firmes y alertas.

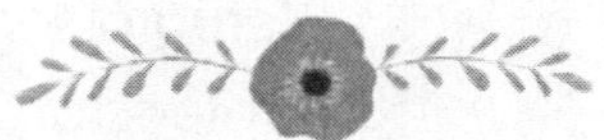

Señor, yo soy muy débil, pero en ti soy fuerte.

Ú G M U E R T E S C
Í É Z I A B I S M O Ú A J R
E I M T P E C A D O N F T E N E P X
Ñ L G X Ü Á Ü H C A E J J Ñ S J G U X I
I F C N I Ú A D E I Ú S X Ó Ü M U X U B K F
Y L É J Z A R I F F Ó Ó F Q S G L K
K K R V N Y P Ü B U Ó P D Z R F T T Í
B Q D P M Ó C Z K E L E C Á O I Ü I Á Í
Á P M B B Q F I N B R S D B Ñ Í K M Ü A D H
P K U T X B T Í É F T D I K M Ú Q H I Y P Y
C Í G J Z A J E O I H E E P Y M Q J J É E Ü D G
Q T Í E D A Á N S Ñ Ó S P V Y I Ó C Ü O I N É B
Z T Í R Y D É T X E A N E Y Ñ Í A J É C I J T G
Q V U L N E R A B I L I D A D N Z I D A K A D Ú L T E R A O
I A Ó C C Í S C Y H Y X N E G D P C O N S E C U E N C I A S
I Ó K Ó Ü Ü B I N F F D F J K E Ó O T E M O R Q A S C X Í F
R Z O D I B H Ó K Á Y D L Q X N Í Z B Z É N E C E S I D A D
S T R Ü D M O N T A Ñ A J G B C Q C F R J P Ú K Y M O F X N
M H R L Á Á K H U B E V Ú P I Q Z C Z E I H M Í K B H E
Ó Y I Ü S Ó Á T Ñ H T Q B A Á V D X Ñ Z Y S Ü Á B K
E Á N Ó Á P S A É N Z Z K A I Ü É S A M X A Z
É Z Q C F Í R I C A
Ú T J A H I Ü G X G
D N I Á P M Ú R P P C O
H L F R A G I L I D A D Á R T I Í Ú U B S Y Y Y
G Í Y B C Í L L Y J Ó K X Á Ñ G X B Ñ V Ü P
D Í O R I L L A Ñ L U I Z E D U N F L Z
M M J Ú D H Ñ F L I M I T A C I Ó N
K P C A T R Ü Ó G Q Ó N E I
I E D R L K A K C P

1. Mujer
2. Adúltera
3. Montaña
4. Orilla
5. Fuertes
6. Muertos
7. Abismo
8. Pecado
9. Consecuencias
10. Tentación
11. Fragilidad (2 Corintios 4:7)
12. Limitación (Romanos 8:26)
13. Sufrimiento (2 Corintios 12:10)
14. Vulnerabilidad (Salmo 38:8)
15. Incapacidad (Filipenses 4:13)
16. Pobreza (Mateo 5:3)
17. Necesidad (Mateo 6:11)
18. Angustia (Salmo 34:18)
19. Temor (2 Timoteo 1:7)
20. Dependencia (2 Corintios 1:9)

*no incluye los versículos bíblicos

ETERNO

Eternamente tuve el principado,
desde el principio, antes de la tierra.

Proverbios 8:23, RVR1960

Mi amiga Berna recibió un folleto en cierta ocasión que visitó una isla cercana a Estambul. Como buena musulmana, sentía que el papel ardía contra su piel pues hablaba de *Isa*, o Jesús. Sin embargo, al irlo leyendo, su corazón sintió un calor que nunca había experimentado. ¿Sería verdad lo que allí decía? Para ella, sin embargo, Jesús no podía ser Dios mismo. Jesús era solo un profeta.

¿Cómo sabemos que Jesús es Dios? Los Evangelios nos muestran vez tras vez que Jesús no solo se comportó como Dios e hizo cosas que solo Dios puede hacer —como perdonar pecados, calmar el mar y resucitar a los muertos— sino que Él mismo se declaró ser igual al Padre.

El Evangelio de Juan es contundente. Leemos que "en el principio era el Verbo, y el Verbo era con Dios, y el Verbo era Dios" (Juan 1:1, RVR1960). Proverbios 8 habla de la sabiduría de Dios y confirma que Jesús es eterno; no tuvo principio ni tendrá fin. Cuando Berna leyó Juan 1, comenzó a meditar. En la cosmovisión del islam, el Corán es la palabra de Alá, coeterna e increada. Esto quiere decir que fue revelada, mas siempre ha existido y no tiene un principio. Para los cristianos, la Biblia son las palabras de Dios, pero Jesús es la Palabra de Dios, coeterno e increado, ¡Dios mismo! Los musulmanes veneran las palabras de Alá, pero los cristianos adoramos al Verbo hecho carne.

Hoy Berna es una seguidora de Jesús. Lo sigue no solo porque es Dios, sino porque es un Dios personal. Es un Dios que no está solo a la distancia, sino que vino a salvarnos. ¿Y tú? ¿Adoras a Jesús, el Hijo de Dios?

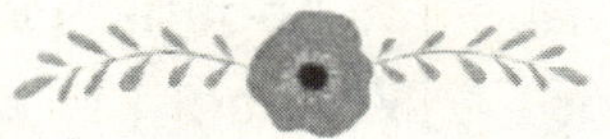

Jesús, no tienes principio ni fin, porque eres eterno. Eres Dios.

Á

Í

U Z Ü

N S A

Í O S

Ú I P V Á

K N E T Y

I M R I N

N N U P E S K

Z M T E R C Á

I O A T R E V

A I Ú G F M Ñ Z C P É N R B U A L O T U D I V I N O Ñ O Y

M Y Y L É V O T R V I T L O V E Z I N C R E Í B L E Ñ

Ó V O K E Í I N C A E I I S C P R O F E T A V

L Y R L U N S I L Ú N D T C Ü H Ü P U Ñ H

O Q I Ú C E O D Y M E I O P Í I E U Ñ

T A I G I Z T O E A M D F G Q

Ó P U N É H R T L I C U Q

A I C Í E T E X E O N

D D R S P A R G N E D

O O E X A L N Q Z T A

S X R A Ü Ñ B A C O E M Q

I Q A D G Ó V I Ñ U R E S

N M F O P R Ñ D Ñ N N X

Á F Z L N N Í U A T Z J

Ú I T P H H R O Y D

Z N Ñ Í E A

J A T A Q Ñ

M O J K

L É

1. Principado
2. Profeta
3. Comienzo
4. Tierra
5. Sabiduría
6. Coeterna
7. Increado
8. Seguidora
9. Inicio
10. Fundamento
11. Inmortal (1 Timoteo 1:17)
12. Perpetuo (Salmo 104:5)
13. Inmutable (Malaquías 3:6)
14. Sin fin (Salmo 23:6)
15. Gloria (Juan 17:5)
16. Increíble (Romanos 11:33)
17. Divino (Juan 3:16)
18. Celestial (Filipenses 3:20)
19. Inmortalidad (1 Corintios 15:53)
20. Vida eterna (Juan 17:3)

*no incluye los versículos bíblicos

RESPETO

El de sabio corazón acata las órdenes,

pero el necio y rezongón va camino al desastre.

Proverbios 10:8, NVI

Los desfiles militares llaman la atención por el orden y la coordinación perfecta de los participantes. En la ciudad de Puebla, México, algunos extranjeros se han admirado del famoso desfile cívico-militar del 5 de mayo, en que miles de niños escolares y docentes desfilan o actúan sobre carros alegóricos. Muestran gran disciplina después de ensayar durante meses.

Los que desfilan no deben voltearse para saludar a sus familiares ni parar a descansar aunque tengan dolor después de caminar durante varios kilómetros. Tienen que seguir exactamente los movimientos de los demás. Para lograr esa gran coordinación, es primordial acatar órdenes. El verbo "acatar" alude a t**olerar, respetar o consentir algo**. Al acatar una orden, aceptamos realizar aquello que nos indican.

El sabio "acata las órdenes, pero el necio y rezongón va camino al desastre". Lo opuesto de acatar es desacatar. Según este proverbio, el necio también tiende a rezongar, lo cual generalmente implica gritos, resoplidos y gestos de disgusto. Otra versión dice "el necio de labios caerá" (RVR1960). Así como la persona temerosa de Dios refleja una combinación de atributos, el que no teme a Dios posee toda una colección de actitudes pecaminosas. Su fin: ¡el desastre!

Confío que ninguna de nosotras va camino al desastre, pero posiblemente caigamos en ocasiones al no respetar órdenes y responder de forma poco amable. Puede ser que ante nuestros padres o nuestro cónyuge actuemos así, o quizás en la escuela o el trabajo. ¡Cuidado! Esas actitudes no contribuyen a las buenas relaciones ni a un futuro prometedor.

Padre mío, enséñame a ser respetuosa en mis acciones y mis palabras.

Ñ Ü

U U

G N

C V F I É Á X I Ü Z Z

L U T P Ü Y A C T I T U D E S P

I N M Q R E B Z D B A S H U J T I J

R R S É P U Ñ O B E D I E N C I A H

Ú E E A O B R A R C O N J U S T I C I A

I Z V H Ó R D E N E S S G Ñ A H K P Í R

S O E R E S P E T O Í J N D D H O Ú Ó V

A N R P Ó C A R R O S Ü N O I E T N T Á

B G E V A L O R P L Ü G Ü E S N D N R G

I Ó N K Ú N D Y X A D O R A C I Ó N Ú A

O N C D I G N I D A D Z D A I I Ó L Í Á

N I S U M I S I Ó N D Ó F P T O É G

M A N É T G Z E Á Ñ O U F L E Q P B

Í G G U D E S F I L E S I M Ó K

D E S A S T R E Í D N N O K

Í D N H O N O R S R A R

Ú M X G Z

1. Sabio
2. Desfiles
3. Carros
4. Órdenes
5. Necio
6. Rezongón
7. Desastre
8. Disciplina
9. Respeto
10. Actitudes
11. Honra (Éxodo 20:12)
12. Temor (Proverbios 1:7)
13. Reverencia (Salmo 89:7)
14. Obediencia (Efesios 6:1)
15. Sumisión (Efesios 5:21)
16. Adoración (Salmo 95:6)
17. Valor (Romanos 12:10)
18. Dignidad (Filipenses 4:8)
19. Obrar con justicia (Miqueas 6:8)
20. Honor (1 Pedro 2:17)

*no incluye los versículos bíblicos

MI DEUDA

En el camino de la justicia se halla la vida;
por ese camino se evita la muerte.

Proverbios 12:28, NVI

La justicia se representa como una mujer con una balanza en la mano y los ojos vendados. Esta alegoría quiere dar a entender que la balanza debe estar equilibrada para cualquiera, y que el juez no debe ver a quién beneficia.

En las escuelas de Derecho, se enseña que la justicia tiene cuatro cualidades. Es distributiva, restaurativa, procesal y retributiva. En la Biblia, y en la salvación que Jesús nos ofrece, encontramos las cuatro.

Así como la justicia distributiva busca que todos tengan las mismas oportunidades, el Señor quiere que todos los hombres sean salvos y vengan a Él. En la justicia restaurativa, el ofensor debe reconocer que ha ofendido y debe tratar de restaurar al ofendido. A esto le llamamos arrepentimiento. La justicia procesal establece las sanciones que se aplican al ofensor. En el caso de los seres humanos, Dios como juez da el veredicto. Todos merecemos la muerte, pero Cristo ha pagado por nosotros y, al creer en Él, somos salvos. Finalmente, la justicia retributiva dice que todos los ofensores deben ser tratados de la misma manera para que otros aprendan a no cometer delitos. Somos ejemplo de lo que Dios hace en nosotros por medio de la salvación.

¿Anhelas verdadera justicia? ¿Estás segura de estar en el camino correcto? Hay un solo camino de justicia a la vida: Jesucristo.

Padre mío, enséñame a ser respetuosa en mis acciones y mis palabras.

Ñ X O X L A M É

Á Á K Ñ Ó S S K Q E Q A

X M G Q D U Q K A Ú U T O R

G F T X M I S E R I C O R D I A

J P R Ü P M R O R N P E R D Ó N D T

D Ñ E A E A J E E F Ñ P V I K Ó N O

Z E O V A C J X A D Í Í L Y O F E M M Q

Q L F A L A I M T X E É K Í Ü E I K Q B

Ú I E N E D P A Z Í R N H Ó J G I C Ñ B

R T N G G O M U E R T E C E K L L K I H

A O S E O A R R E P E N T I M I E N T O

M S O L R Ñ C O B Á M J Ñ Á Ó Á L Ó G Í

I L R I Í A G H Á O B E D I E N C I A T

R D I O A É R E C O N C I L I A C I Ó N

Y F F J U S T I F I C A C I Ó N Ú Z

R P A U X J U S T I C I A Y O R M B

Ú O E É G S A N C I O N E S Í É

P Z R Ó S A L V A C I Ó N É

U D P H Á Ó S X B Á L J

Á B A L A N Z A

1. Justicia
2. Muerte
3. Balanza
4. Alegoría
5. Ofensor
6. Arrepentimiento
7. Sanciones
8. Juez
9. Delitos
10. Salvación
11. Perdón (Mateo 6:12)
12. Gracia
13. Redención (Efesios 1:7)
14. Justificación (Romanos 3:24)
15. Misericordia
16. Pecado
17. Sacrificio (Hebreos 9:28)
18. Reconciliación
19. Evangelio
20. Obediencia

*no incluye los versículos bíblicos

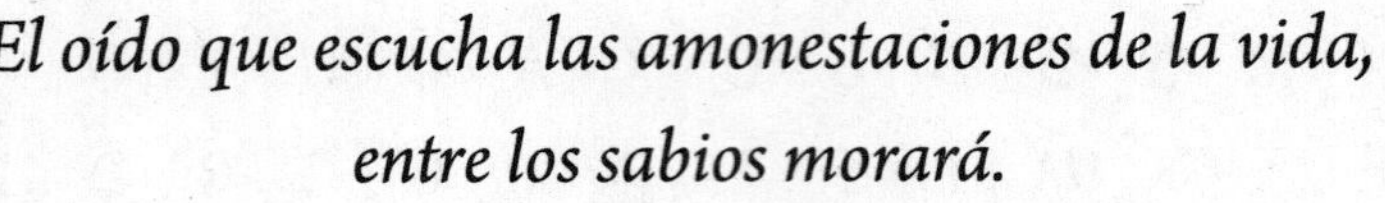

DAME LUZ

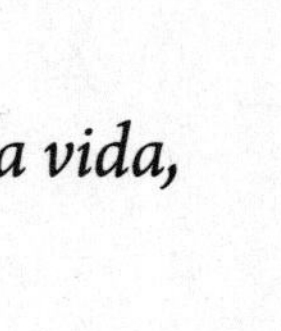

El oído que escucha las amonestaciones de la vida,
entre los sabios morará.

Proverbios 15:31, RVR1960

Una historia popular dice que Diógenes, el filósofo griego, se sentó un día en el cruce entre dos senderos a observar a las personas que pasaban. Había una piedra con la que todos tropezaban. El sabio observó que todos iban de prisa y la mayoría de ellos no se daba cuenta de que la piedra estaba allí; todos los que se tropezaban maldecían la piedra. Él simplemente se rio de la condición humana, pues ninguno se tomó la molestia de retirar la piedra para que otras personas no tropezaran. Diógenes se levantó y quitó la piedra del camino.

Muchas veces se presentarán situaciones en nuestro camino que nos pueden hacer tropezar. Tal vez íbamos tan rápido y tan distraídas que tomamos una decisión equivocada. Es muy triste tener que sufrir las consecuencias de ese error. Pero hay algo todavía peor: no aprender la lección y cometer el mismo error dos veces o incluso más. ¡Es necesario aprender nuestra lección! Curiosamente, hay personas que cuando tropiezan hacen lo mismo que los caminantes de la historia de la piedra: culpan a los demás o hasta a Dios.

El proverbio de hoy nos aconseja "escuchar las amonestaciones de la vida", una manera muy poética de decir que pongamos atención a las lecciones. No es necesario que nosotros tropecemos para aprender; podemos "escuchar" las lecciones de otros.

Sé sabia. No vayas tan apresurada por la vida como para caer. Encomienda al Señor tu camino siempre. Somos ejemplo para otros que nos vienen siguiendo. Es nuestra responsabilidad no convertirnos en piedras de tropiezo para ellos.

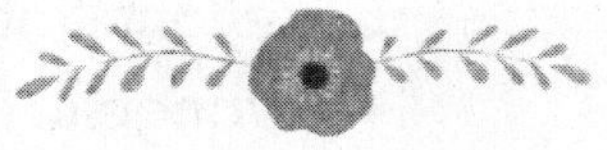

Señor, ilumina mi camino.

B A U O V L T Y

U Á H K K G R Ó E Í Z B

Z U C A M I N O Y E O U R X B U

E Á L Á M P A R A J R I S É P J D G O H

P S P I E D R A É Z V F J P U M E E A Y Z

G K P A M O N E S T A C I O N E S S V D Á

X Ñ H Í N C A T E N C I Ó N P U U P Y É N

J P Ü Í R J S E N D E R O S Z Í C E Z É U

C P T C R I U K F Ú J F Í A F M R R Í D L

A Q R O E T S J C L Í D B I V I A F C

F M S O N V U T Ñ Ñ C O I L I S N Ñ I

D I A P D E S I B Ó O L Ó D T Z R

F J N B I I L A C O Ü I S A O A Ñ

R Á A I E C A N I U D O O R Z

B A N D Z I C T A A F Ó M

O M T U O Ó I O D O S

G X E R K N Ó M Q

A A S Í S P N

V Ú T A R

Á U S

Y

1. Oído
2. Amonestaciones
3. Filósofo
4. Senderos
5. Piedra
6. Condición
7. Caminantes
8. Atención
9. Responsabilidad
10. Tropiezo
11. Lámpara (Salmo 119:105)
12. Sabiduría (Proverbios 2:6)
13. Verdad (Juan 14:6)
14. Espíritu Santo (Juan 16:13)
15. Revelación (Efesios 1:17-18)
16. Justicia (Proverbios 4:18)
17. Esperanza (Salmo 27:1)
18. Jesucristo - (Juan 8:12)
19. Camino (Isaías 30:21).
20. Vida (Juan 1:4-5)

*no incluye los versículos bíblicos

PERDÓN

La cordura del hombre detiene su furor,
y su honra es pasar por alto la ofensa.

Proverbios 19:11, RVR1960

Hace años se inició una campaña televisiva en contra del maltrato infantil llamada "Cuenta hasta diez". Mostraba escenas donde un padre de familia, molesto por algún acto de su hijo, reaccionaba con enojo y la reacción inmediata era golpearlo. Se detenía la escena recomendando respirar hondo, contar hasta diez, llenarse de paciencia y cambiar la reacción hacia el diálogo y la tolerancia.

Es maravilloso descubrir que la Biblia tiene una palabra de orientación para todos los temas de la vida diaria. El proverbio de hoy nos recomienda la cordura para atenuar el furor que puede causar una ofensa y lo honroso que es perdonarla. Cuando una persona desconocida nos ofende por cometer un error al manejar el automóvil, no nos duele tanto porque no la conocemos, pero cuando una persona que amamos lo hace, nos afecta más.

Tal vez conoces la historia de José. Sus celosos hermanos lo arrojaron a un pozo, lo despojaron de la hermosa túnica que su padre le dio y, por si fuera poco, lo vendieron como esclavo. Años más tarde, José tuvo la oportunidad de saldar cuentas, pero no lo hizo. Les perdonó todo el daño y dolor que le causaron. Génesis dice: "Y besó a todos sus hermanos, y lloró sobre ellos; y después sus hermanos hablaron con él" (Génesis 45:15, RVR1960).

Que el ejemplo de José y el consejo bíblico nos alienten a la tolerancia con nuestros pequeños y a perdonar las ofensas de las personas que amamos. No solo es bueno y te alejará de consecuencias desagradables; perdonar es honroso.

Señor, ayúdame a perdonar a otros así como Tú me perdonas a mí

O
J C R
A R E C I
C M E E S O E
M D O C C J U N N
H Z A R O F O E C F T
H M B Ñ K N A J R M R E A
V P H Ó O Q C V U M D P I S C
C E L O S O S I O S I P U L S I I
M C A M P A Ñ A L R T S R E R O T Ó Ó
I A R R E P E N T I M I E N T O A B O N N
N V P G Q I U Z A E F R C S A I Ó É Ñ
T X A R I Ó F C S I I O Á Z L N A
E F C A Y A I C C C N D U J N
R P I C T Ó E A O S Á M Y
C E E I N N C R E L H
E C N A A I D J Q
S A C N Ó I O
I D I N A
Ó O A
N

1. Cordura
2. Favor
3. Campaña
4. Escena
5. Paciencia
6. Orientación
7. Celosos
8. Daño
9. Ejemplo
10. Consejo
11. Misericordia (Lamentaciones 3:22)
12. Gracia (Efesios 2:8)
13. Confesión (1 Juan 1:9)
14. Reconciliación (2 Corintios 5:18)
15. Arrepentimiento (Hechos 3:19)
16. Justificación (Romanos 5:1)
17. Amor (1 Pedro 4:8)
18. Pecado (Romanos 3:23)
19. Jesucristo (Colosenses 1:14)
20. Intercesión (Hebreos 7:25)

*no incluye los versículos bíblicos

SIN AMARGURA

Mejor es vivir en un rincón del terrado que con una mujer rencillosa en casa espaciosa.

Proverbios 21:9, RVR1960

Las raíces fibrosas se ocultan debajo de la superficie. Por lo general, cuando vemos una planta, nos olvidamos de que existen. Pero allí están, desapercibidas por el ojo y, cuando llega el momento, se hacen conocer por medio del fruto que producen. ¿Has oído hablar de la raíz de amargura?

Seguramente has tenido temporadas difíciles en tu vida. Recuerdo una época de mucho estrés, cuando acepté un trabajo que exigía mucho de mí y que le robaba tiempo y atención a mi familia. Si bien yo sabía que estaba mal tratar de lidiar con los dos mundos a la vez, comencé a culpar a los demás. No era yo, sino mi jefe quien agregaba a mis responsabilidades; o mi esposo, quien no ayudaba suficiente en la casa; o mis hijos quienes requerían demasiado de mí. ¿Qué sucedió entonces? Lo que la Biblia enseña.

Empezó a crecer en mí una raíz, pero una de amargura (Hebreos 12:15). Como esas raíces invisibles, la regué con activismo, la aboné con la idea que todo se solucionaría mágicamente, hasta que dio fruto. Situaciones fuera de mi alcance rompieron la burbuja y me sentí enferma, sola y frustrada. Destilé amargura y envenené a otros a mi alrededor. Tuve que pedir perdón y aceptar mi culpa por lo que estábamos cosechando.

Nuestro proverbio dice que es mejor vivir solo y en un rincón que con una mujer que busca pleitos o ha permitido en su vida una raíz de amargura. Yo he sido esa mujer en ocasiones. ¿La solución? No permitir que la raíz crezca. Arrancarla sin misericordia. ¿Cómo? Por medio de la humildad: humildad para pedir perdón, humildad para reconocer nuestra parte de un problema y humildad para buscar una solución.

Señor, ayúdame a tener cuidado para que no brote ninguna raíz de amargura en mí.

R Ü E M Y E S P Í R I T U S A N T O É Ó

K M A Í A P I Ü S I Q G X N R Ó Á N N D

Z H B M Ú N Y Ó Ú L U I O Í N A Ü Z L O

V X E O N J S S H H A K D Z I Z Í C T E

P E R D Ó N V E T E R R A D O U P C Á E

N Á Z G Z O X É D G H Z L L S G N Q E I

O M Z R H Ú X D S U P E R F I C I E C S

R B B A M C D D Ü P M Ú M Ü Y P L H Y Ú

A U Ü T Ü G J Ó M L A B J U R I N C Ó N

C R Y I R R Í Ü Í E C L R Ñ V U U D T Ü

I B B T C A D Q Y I T D F E I V Í Q É Ú

Ó U L U L V B Q S T I Ú M F S X É Ó L F

N J É D Í G N A F O V A V Q N H Ú J F K

U A J Y N H I A J S I E U I M R U V D H

O M J J G Z K B E O S Ó B V Q I M Í Ü B

A M O R C X Í É D G M N Ü C E Z B N Ü Ü

Ü Ú P N E F R U T O O Á G I Á G P Y V M

N F Á R E C O N C I L I A C I Ó N A O É

T U T Ñ I A I Ü P H U M I L D A D N Z J

Z Q Ú Á N V A M A R G U R A M E Ú R Ú J

1. Rincón
2. Terrado
3. Raíces
4. Superficie
5. Trabajo
6. Amargura
7. Burbuja
8. Activismo
9. Fruto
10. Pleitos
11. Perdón (Efesios 4:31-32)
12. Amor (1 Corintios 13:4-5)
13. Paz (Romanos 12:18)
14. Mansedumbre (Gálatas 5:22-23)
15. Reconciliación (Mateo 5:24)
16. Gratitud (Colosenses 3:15)
17. Gozo (Salmo 16:11)
18. Humildad (Filipenses 2:3)
19. Oración (Filipenses 4:6-7)
20. Espíritu Santo (Efesios 4:30)

*no incluye los versículos bíblicos

SUSTITUCIÓN

El necio no sabe qué decir ante el tribunal,
pues la sabiduría está fuera de su alcance.

Proverbios 24:7, DHH

En los juicios de Núremberg se sancionaron dirigentes, funcionarios y colaboradores nazis. Otto Ohlendorf fue sentenciado a muerte por el asesinato de noventa mil personas, principalmente judíos y gitanos. Sin embargo, en el tribunal se defendió diciendo que solo seguía órdenes. La corte rechazó su defensa, pues dijeron que un individuo que sigue órdenes de aquello que es ilegal frente a las cortes internacionales, es responsable de sus actos. Como dice el proverbio, la sabiduría estaba fuera de su alcance. Pero pensemos en Jesús.

¿Recuerdan que no respondió nada cuando lo estaban juzgando? Parecía que no sabía qué decir. Pero ¿has pensado en que Él no se defendió porque tomó el lugar de todos los necios? Si Él se hubiera defendido, ¡lo hubiera hecho con tanta sabiduría que habría dejado perplejos a los que lo juzgaban! En otras palabras, Jesús guardó silencio por amor a ti y a mí.

En la segunda carta a los corintios, Pablo dice: "Al que no conoció pecado, por nosotros lo hizo pecado, para que nosotros fuésemos hechos justicia de Dios en él" (2 Corintios 5:21, RVR1960). En otras palabras, el Señor cumplió las Escrituras y se hizo necio por nosotros. Esto rompe mi corazón y llena de lágrimas mis ojos. El Puro y Santo se hizo necio sin serlo.

¡Nunca comprenderemos totalmente lo que costó nuestra salvación! En el juicio más importante de todos, alguien tomó nuestro lugar. Nuestras muchas defensas no quitarán el veredicto de la muerte, pero Jesús ya pagó en nuestro lugar. A nosotras solo nos resta aceptar su regalo.

Señor Jesús, tomaste mi lugar. Gracias.

V Q Ñ D B Q B   F G Ó E F A T

E I Á G S Z D Z   Z S U Ñ Á A F M

O G   R D T O Ñ É E   I F I Q Ú E C   T L

C Ñ A Ü Ñ A C P F Ñ   F Ú E L Ü H Ñ H G F

D I R I G E N T E S   K R E D E N C I Ó N

L U G A R N D I É X   A A Í U Ó N Ñ Ü H Í

P R O P I A C I Ó N   Z N O M A R C M I F

Á A Z Ó Ó T C O R D E R O D J N Ñ Z I Ú Á

I J U S T I F I C A C I Ó N E C I Z Ó O O

Y P E R D Ó N D É X V J Ñ S C O R T E

Á J Ú Ü L E U Y U

E X P I A C I Ó N H R I T C V H L N S

Ü C D E F E N S A S G E C T R Í Ñ Ú O Í Ó

V M S Ú Ñ G R A C I A D I Ú I I N V J Á V

Á F H S A C R I F I C I O G S R B P H C Ó

O E J É A P X Y Z Z   T Q F T E O U I N Ó

X Z L Á G R I M A S   O T C O G Z L N C H

Z V T K F F Í S I Í   Ü Í H Á A F Í J A G

É P   Ó Ó I H X J Á   O D Ü N L Z É   T L

O O Ó I Ü Q V D   M F M L O Ü M E

H S A Á T V F   Ú D T L Ü M E

1. Tribunal
2. Dirigentes
3. Corte
4. Silencio
5. Lágrimas
6. Juicio
7. Veredicto
8. Regalo
9. Defensas
10. Lugar
11. Jesucristo (Isaías 53:5)
12. Sacrificio (Hebreos 9:26)
13. Redención (Efesios 1:7)
14. Expiación (Levítico 16:10)
15. Cordero (Juan 1:29)
16. Justificación (Romanos 5:9)
17. Gracia (Efesios 2:8)
18. Propiciación (1 Juan 2:2)
19. Vida (Juan 10:11)
20. Perdón (Colosenses 1:14)

*no incluye los versículos bíblicos

NO A LA TACAÑEZ

El tacaño ansía enriquecerse,
sin saber que la pobreza lo aguarda.

Proverbios 28:22, NVI

Hay un programa en la televisión estadounidense que se llama *Tacaños extremos.* Al ver algunos de los episodios, me cuesta creer cómo viven estas personas. Algunos sacan su comida y sus medicamentos de la basura. En una cita, un hombre lleva a la chica a un restaurante de paso, pide un solo platillo para los dos y se lleva los vasos y cubiertos a casa. Una mujer diluye los jugos con agua para que le duren a sus niños y hornea sus galletas con el calor que genera el sol dentro del automóvil.

Me llamó la atención el hombre que, aunque tiene quince cuentas bancarias en diferentes bancos con más de cien mil dólares cada una, no tiene muebles en su casa y compra apenas tres platillos para seis personas en un restaurante de comida rápida.

Podemos concluir que ser tacaño es pecado. Dios no quiere que dependamos de nada más que de Él. Pablo dice: "porque sabéis esto, que ningún fornicario, o inmundo, o avaro, que es idólatra, tiene herencia en el reino de Cristo y de Dios" (Efesios 5:5, RVR1960). Nada más cierto que nuestro versículo de hoy. El avaro quiere enriquecerse, y aun cuando sea rico, vive en la pobreza porque no disfruta lo que tiene.

Hay una diferencia entre la persona que ahorra y el tacaño. La persona que ahorra lo hace con un proyecto en mente. El tacaño ahorra para tener guardado el dinero sin tocarlo para nada. Es un buen momento para reflexionar si somos tacañas o ahorradoras.

Señor, no quiero ser tacaña. Ayúdame a no idolatrar las cosas.

Ñ V Í Ú É J M V A B

Á X B S P X V Í J G A H E K

P D R P G J Í B A S U R A Ú O Ú O V

Q Ü Í D Y D Á A Ú É X Ó É N F B R Á T H

D Á Ú A Ú I V T Á N M I S E R I C O R D I A

B H J Ñ R Y   V M S R Ú O   D S A X Ñ O

G E T T J L F   E É Ó X E J   A Á D D F K

E N C S D P Ñ   R É F A N H   H P L A O B H

T L D I M P R H   S C X X R Ñ   N Ü D R R R C Y

B N I P U E O A   Í O M Q M X   U E P Ñ B N E D

Í Í X C R E E Y C   C S G Z T C   T F Í J V A E S Á

Q A Z I U B Á E M   U P E D A N   Ñ K L P U Z Z B C

L V F Ó I L H C Q   L F D N C L   M B C C M P Z H F

R A P N Á E R T J I A M O R U N A I E Ü H Á Z G O N K B H H

S R V T Q S Y O U K Z D C Ó O R Ñ Á K G Y Í B A M R K A O Ó

B O L C I Í T Ñ B I E N E S É O O C D F R Á L N I Z Q Ú C S

Y B X B Ñ T H Ú K B P C O R A Z Ó N D J Ú Í E R D Ñ T G U Z

D I P V G E N E R O S I D A D Á P J R G B Á A A A B S A V Z

L J O K S   M Ú T Í Ñ Q O Ó A T E N C I Ó N Á T   Q Í Y T D

I S B G H   V Í Ú H Á C E Ñ X Á L C H Ü V T   H V P N E

K R Z J   H H É Á Ú G J Ú N P Q Ñ Ü Ñ D   O Á N É

L E X Z X   B K R Ú T

Z R Ñ M Z   Ó Q T Z Y

A J S M G Z   I T R M Z J

V D H E K C Í C H Í Z É Á B D V Ñ K E L D L L L

Í U Ü G L N C O M P A R T I R P R C R J V Y

Á G F C É J Ñ Á F D Ñ Q E Ú A O X N R Q

F É A P C X É P R O V I D E N C I A

L I Y Q A Ü L H J I Ü A E O

C V K C H A A Á A K

1. Tacaño
2. Comida
3. Basura
4. Muebles
5. Avaro
6. Versículo
7. Proyecto
8. Ahorradoras
9. Pobreza
10. Atención
11. Generosidad (2 Corintios 9:7)
12. Dar (Lucas 6:38)
13. Amor (1 Corintios 13:3)
14. Compartir (Hebreos 13:16)
15. Misericordia (Proverbios 19:17)
16. Bendición (2 Corintios 9:6)
17. Corazón (2 Corintios 9:7)
18. Providencia (Filipenses 4:19)
19. Bienes - (1 Timoteo 6:17-18)
20. Alegría (2 Corintios 9:7)

*no incluye los versículos bíblicos

DISCIPLINA

Disciplina a tus hijos, y te darán tranquilidad de espíritu y alegrarán tu corazón.

Proverbios 29:17, NTV

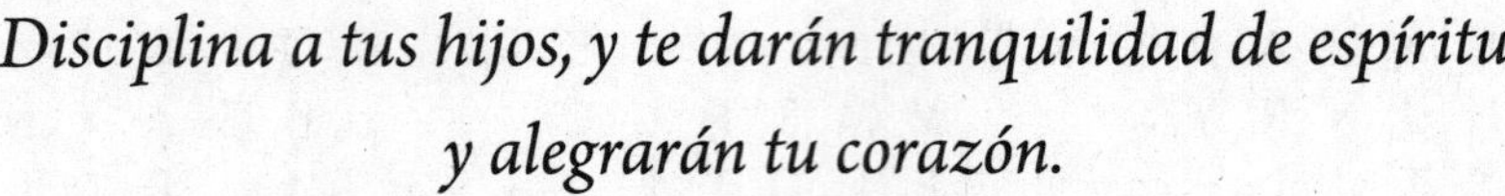

Tomé clases de piano desde los seis años y no saltaba de emoción cuando iba a casa de mi maestra. Tampoco me emocionaba practicar. Sin embargo, hoy agradezco mucho a mi madre, quien me obligó a seguir yendo y a seguir tocando. Hoy puedo deleitarme con el piano, alabar a Dios y experimentar una forma muy íntima de comunión con Él cuando, en la soledad de la sala, le canto una "nueva canción". Sin embargo, hoy como madre, sé que no es fácil inculcar en otros la disciplina.

Como profesora, pedía a mis alumnos leer ciertos libros clásicos. Sé que varios de ellos optaron por ver sus series favoritas y leer los resúmenes de los libros. Otros, aunque no encontraban muchas razones para seguir leyendo, se esforzaron. Pero hubo una gran diferencia entre ambos grupos: los que leyeron el libro completo tuvieron la satisfacción de concluir un trabajo y hacerlo bien, que quizá no se observó en la nota o la calificación, pero sí en sus corazones.

No podemos enseñar a nuestros hijos a ser disciplinados si nosotros no lo somos. La disciplina trae alegría y tranquilidad. No hay nada como saber que hemos hecho algo bien y en tiempo y forma. Podemos leer un eco de ello en las palabras de Jesús en la cruz, cuando declaró que todo había consumado. Había concluido su propósito al venir al mundo.

Ama a tus hijos enseñándoles a no rendirse ni desistir. Enséñales con el ejemplo, pero también trabajen juntos en no buscar atajos, sino en esforzarse, pues no será en balde. El esfuerzo produce frutos.

Padre, ayúdame a ser disciplinada en mi vida.

```
                            E
                            Ñ
                          L X O
                          A V J
                          L Ú U
                        E E Á S L
                        J G I T E
                        E R T I E
                      Ó D Í S C T I
                      P U A A I Q V
                      K I P F A O T
Q Ñ C O R R E C C I Ó N F R A T E R N A L C Q O A Á J G G
  Á Ú C Ú S A T I S F A C C I Ó N R E P R E N S I Ó N P
      D O B E D I E N C I A Ú O D I S C I P L I N A
        O R Ü I T V U E X P E R I M E N T A R Y Q
          T R A N Q U I L I D A D S O L E D A D
              E F T I N S T R U C C I Ó N H
                C S E C P P X R O Ó F I P
                  C A M A A R E H Ó S Ü
                  O I B O N C O M X X B
                  M T Ó I R C I P O S Ñ
                C U O X N D D I E Ó C R Ó
                A N U F M K U E Ó N S I C
                S I Í L Ü S   R J N C I Ó
              F T Ó Z Z Q       Í E N I T N
              J I N N Ü           A H Í A O
              A G G                     O A É
            S Q O                         V Á C
            R M                             Á Ú
            E                                 Z
```

1. Disciplina
2. Emoción
3. Experimentar
4. Comunión
5. Soledad
6. Canción
7. Satisfacción
8. Alegría
9. Tranquilidad
10. Propósito
11. Corrección (Proverbios 3:11-12)
12. Castigo (Hebreos 12:6)
13. Instrucción (Proverbios 4:13)
14. Obediencia (Hebreos 12:9)
15. Sabiduría (Proverbios 1:7)
16. Corrección fraternal (Mateo 18:15)
17. Justicia (Hebreos 12:11)
18. Reprensión (Proverbios 15:31)
19. Paciencia (Santiago 1:3-4)
20. Temor de Jehová (Proverbios 9:10)

*no incluye los versículos bíblicos

COMPARTIR

Oye, hijo mío, la instrucción de tu padre.

Proverbios 1:8, RVR1960

El libro *El maestro* de San Agustín de Hipona es un diálogo entre un padre y un hijo. El coautor de esta obra es Adeodato, su hijo adolescente de quince años. Ambos se convirtieron al cristianismo en la misma época y, si bien en un tiempo Agustín lo vio como un "hijo de pecado" por haberlo concebido sin el manto del matrimonio, después de conocer a Cristo y escribir este tratado, Agustín dice lo mucho que aprendió de su joven colaborador. ¿No te recuerda esto a los proverbios de Salomón?

Entre los capítulos 1 y 9 de Proverbios aparecen varios discursos de un padre a su hijo. Quizá Salomón escribe aquí sus conversaciones con su padre David, o sus propias charlas con su hijo Roboam. Lo cierto es que tanto Agustín como Salomón tratan de llevar los ojos de sus hijos al Maestro por excelencia: Dios mismo.

Agustín concluye que conocer y amar a Dios es la vida bendecida, la que todos decimos estar buscando, pero solo unos cuantos tienen el gozo de hallar. Adeodato, el hijo de Agustín, falleció poco tiempo después de su bautismo. Vivió un corto tiempo en la tierra, pero tuvo el gozo de experimentar "la senda de la vida" (Salmo 16:11, RVR1960).

Muchas personas dicen estar buscando una vida plena, pero esta solo viene de conocer y amar a Dios. Si aún no la tienes, ven a Jesús hoy mismo y sé de los cuantos que han podido encontrarla. Si ya es tuya, ¡compártela con tus hijos, tus sobrinos, tus nietos, tus alumnos! Señala el camino al verdadero Maestro.

Señor, ayúdame a compartir la vida bendecida.

```
              A X
                M A
                  O E
      N D G Y   N N R T     H G K
    G G H A F N K E E O Í B D I C F
  C E N V O R R E M Á C H A R L A S R
  B N X M A S T A C A B E K Y Z Ñ S I
T A E Ñ Q D I P Ó T O T O S Ñ Á O Ó A E
É U R M S O T N I T E M R N I J I R X Z
É T O A Y L R Z S T I R U I D T Ó Z L C
N I S E B E A S G T A E N N M A A Y A R
H S I S E S T H I Y R L R I I O D D A Ó
V M D T N C A Y H G I U I R D Ó N F O I
R O A R D E D C Ñ M Ñ G C D A A N I K S
  K D O I N O E Ü O K H O C A Ü D Í O
  L Ü Í C T C O A U T O R Z I D L Ü A
    K D I E D R F V T V Ú Z O Ó L L
      X Ó Ó Z H T C Í O É M Ó T N
        N J J O S E R V I C I O
              J Y É U V
```

1. Instrucción
2. Coautor
3. Adolescente
4. Charlas
5. Gozo
6. Bautismo
7. Maestro
8. Tratado
9. Matrimonio
10. Tierra
11. Amor (1 Corintios 13:3)
12. Generosidad (2 Corintios 9:7)
13. Comunión (Hechos 2:44-45)
14. Bondad (Gálatas 5:22)
15. Hospitalidad (Romanos 12:13)
16. Dar (Lucas 6:38)
17. Necesitados (Proverbios 19:17)
18. Servicio (Mateo 25:40)
19. Fraternidad (Hebreos 13:16)
20. Bendición (Proverbios 11:25)

*no incluye los versículos bíblicos

CONOCIMIENTO

Hazte hermano de la sabiduría;
hazte amigo del conocimiento.

Proverbios 7:4, TLA

Nació en una humilde casita de madera y asistió ocasionalmente a la escuela, y aprendió el alfabeto a los siete años. Practicaba la escritura usando como lápiz un trozo de leña que él mismo quemaba, y delineaba sus letras sobre la tapa de una caja, ya que el papel era muy caro y escaso. Un pariente llevó a su casa un diccionario etimológico que fue su tesoro. Vecinos de una aldea cercana le prestaban libros; no tenían muchos, así que los leía varias veces. Aun cuando en toda su vida no asistió a la escuela ni siquiera un año, Abraham Lincoln amaba el conocimiento. Aprendió Derecho de manera autodidacta y llegó a ser presidente de Estados Unidos de Norteamérica.

Una de sus frases dice: "El conocimiento es la mejor inversión que se puede hacer". Aun cuando en su adolescencia tenía poco tiempo de día y poca luz de noche, reflexionaba intensamente acerca de todo cuanto leía, lo que le proporcionó una formación de integridad. Fue tan característico de su personalidad que le apodaban "Abraham el honrado".

El proverbio de hoy nos invita a tener una relación tan cercana con la sabiduría como la tenemos con un familiar; nos anima a intimar y tener confianza en el conocimiento como lo hacemos con nuestras mejores amigas. No hay sabiduría sin conocimiento, y el conocimiento sin sabiduría es vanidad.

Hemos de apreciar la bendición de saber leer. Aprendamos de Abraham Lincoln el amor por la lectura. Un buen libro es un amigo que nos transfiere un conocimiento, nos enseña, aconseja y convierte en personas mejores. Dios nos dé sabiduría para emplear ese conocimiento sirviéndole a Él y a los demás.

Señor, ayúdame a compartir la vida bendecida.

Ó V Ñ R Z S T F

M Ü Z L E C T U R A I Ñ

Ú R Z R E V E L A C I Ó N É

Ñ G T E M O R D E J E H O V Á E

U Z Í Q I K O Ñ B S Q H D B E S N I

D H N T C N Á Á E C A L R H S A T F

Q K I J J P A L A B R A L B U C B E Y C

G D D S É C X F G M I P Á Y M U I N C C

Ü Í O K C Z E L H X T T P Á I E D D R Q

H G C C U E O H E M U Ü I Ñ L L U I I Q

N O T V S Ó R Y E Ñ R Ú Z F D A R M S C

E Z R V R G R N É D A V Ü É E E Í I T D

M M I E S P Í R I T U S A N T O A E O O

Ñ É N R V Ü J A G M H Q Ü D C E K N Ú P

Ú A D H Z A P I N I V G Í J M Ñ T Ó

Ü U A L I B R O S V E S Ñ K Ñ Ñ O N

R D P Ó Z L B Í T S N Á G F K P

I N V E R S I Ó N Q T K Ú V

F A M I L I A R N Í O H

H U M A N O X B

1. Hermano
2. Humilde
3. Escritura
4. Lápiz
5. Leña
6. Libros
7. Escuela
8. Inversión
9. Familiar
10. Lectura
11. Sabiduría (Proverbios 9:10)
12. Entendimiento (Proverbios 4:7)
13. Temor de Jehová (Proverbios 1:7)
14. Palabra (Salmo 119:105)
15. Revelación (Efesios 1:17)
16. Discernimiento (Hebreos 5:14)
17. Doctrina (2 Timoteo 3:16)
18. Verdad (Juan 17:17)
19. Espíritu Santo (Juan 16:13)
20. Cristo (Colosenses 2:3)

*no incluye los versículos bíblicos

ORGULLO

El Señor no soporta a los orgullosos;
tarde o temprano tendrán su castigo.

Proverbios 16:5, DHH

La película *Intensamente* presenta a cinco personajes que ejemplifican las cinco emociones primarias. Entre ellas está Desagrado, una muñequita verde que tiene opiniones fuertes y es bastante honesta. Gracias a ella, la niña de la película no termina envenenada. Realmente todo ser humano experimenta el asco, que también se puede traducir como hostilidad, aprensión, desprecio o aborrecimiento. ¿A qué le tenemos repulsión?

Los expertos nos dicen que, por naturaleza, rechazamos el vómito, la orina y las heces fecales, lo que nos libra de enfermedades y contaminación. También rechazamos lo podrido o decadente. Otras cosas que despreciamos son la mentira y el asesinato. Dios también aborrece ciertas cosas. En el caso del proverbio de hoy, nos habla del orgullo.

El orgullo nos hace tener un sentido de valor que no es el adecuado. Nos hace pensar que no necesitamos a Dios o a los demás. Nos convence de que somos superiores y que, por lo tanto, nos conducimos bajo reglas diferentes al resto. Pero este proverbio nos recuerda que el orgullo siempre trae consecuencias. ¿Te acuerdas del rey Nabucodonosor? Su orgullo lo hizo actuar como un animal salvaje durante siete años, pero aprendió que Dios es el único que gobierna sobre el mundo.

El orgullo es muy sutil en nuestra vida. Muchas veces me he descubierto alardeando de mis éxitos o pensando que puedo hacer las cosas por mí misma, sin ayuda de Dios o los demás. Aprendamos a sentir "desagrado" frente al orgullo en nuestras propias vidas. Reconozcamos que el orgullo es un pecado tóxico que no se quedará sin consecuencias o castigo, así que huyamos de él.

Padre, líbrame del orgullo.

S Ñ V E Y V E P

T I H F M K E X A T E E

S G M Ñ I B Í Ñ F M U N C L O H

H P S O B E R B I A S Ñ N C I E Í V U H

H P D E S T R U C C I Ó N Z A D G C A M L

Á R Z Ü N A T U R A L E Z A Í A U U L I Ú

Y B Q M Ñ N R A Ñ E H R M S D D E L O L A

H N Ñ T Ú F Í Ú P L Y Ú P E A L R A R D Í

Á P Y B Ü Q Q O A R Á A T G N J A Í A A B

Ú A L T I V E Z P E Q C A S T I G O D

V A S E S I N A T O N Ó Z L Y I V E K

T Ó X I C O F Ü H S S G V T Y R E

Á A R R E P E N T I M I E N T O A

Á Ñ Í U Ú S A R P K Y Ó B T R

X U E X A L T A C I Ó N B

S Á O R G U L L O Z Ñ

R E B E L D Í A Á

A U S N L K K

N S L A Z

F A V

Ó

1. Castigo
2. Película
3. Aprensión
4. Naturaleza
5. Mentira
6. Asesinato
7. Orgullo
8. Valor
9. Rey
10. Tóxico
11. Soberbia (Proverbios 16:18)
12. Altivez (Proverbios 16:5)
13. Humildad (Santiago 4:10)
14. Vanidad (Eclesiastés 1:14)
15. Caída (Proverbios 16:18)
16. Arrepentimiento (2 Crónicas 7:14)
17. Exaltación (Lucas 14:11)
18. Ceguera (1 Timoteo 6:4)
19. Rebeldía (1 Samuel 15:23)
20. Destrucción (Proverbios 18:12)

*no incluye los versículos bíblicos

COMPASIÓN

El que escarnece al pobre
afrenta a su Hacedor.

Proverbios 17:5, RVR1960

Los que han tenido un trasplante de corazón forman una tribu muy especial. El escritor Charles Siebert dice que estas personas no solo reciben un nuevo corazón, sino respuestas sensoriales, antojos y hábitos. En pocas palabras, no solo se sienten agradecidos por una segunda oportunidad de vida, sino que heredan algo de quien les dio ese nuevo corazón.

Cuando creemos en Cristo, recibimos un nuevo corazón y desatamos una reacción espiritual en cadena de gran magnitud. No solo tenemos una nueva oportunidad de vivir —ya no presas del pecado, sino libres y salvas—, sino que heredamos rasgos del Padre que nos adopta y nos da ese nuevo centro de voluntad. Y no hay nada que caracterice tanto a nuestro Dios como su compasión.

Jesús convivió con los pobres y los marginados y "tuvo compasión" (Mateo 14:14, RVR1960). ¿Qué experimenta nuestro corazón cuando leemos que veinticinco mil personas mueren al día por hambre y desnutrición? ¿Qué pensamos al leer que hay millones de huérfanos en el mundo? ¿O que un niño muere por agua contaminada cada veintiún segundos? ¿Se quiebra nuestro corazón por aquello que también pone triste a nuestro Hacedor?

Burlarse del pobre es ofender al Creador. Ignorar que hay gente que necesita nuestra ayuda es una forma de despreciar o minimizar sus desgracias. ¿Qué podemos hacer hoy por los pobres de este mundo? Pensemos en una manera práctica de ayudar ¡y hagámoslo!

Señor, mueve mi corazón a la compasión
y a ayudar a los pobres de este mundo.

M
P L A
E P I P M
J Q P D E I O
P E R D Ó N D R R
T P R E S A S T A C Ó
Z G S U M A K A Y U D A R
T S K Z J I B E N D I C I Ó N
X E M V R T S D Ó A N T O J O S L
E Ú R K O A Ü E M S O R E A C C I Ó N
B S Z N Ñ L L Í R C T R A S P L A N T E H
S J U M U I M I L R E S P U E S T A S
P R T N V P C E Q G A L E G R Í A
A H T I K O M S R K A A T É H
G A O K R E U A Ú Y Í I M
D H D D N T C H U G V
H T I C R I O D Ñ
A A I I A Í A
G A B Z C
U U G
A

1. Trasplante
2. Tribu
3. Respuestas
4. Antojos
5. Reacción
6. Presas
7. Voluntad
8. Alegría
9. Ayuda
10. Agua
11. Misericordia (Salmo 145:9)
12. Gracia (Efesios 2:8)
13. Amor (1 Juan 4:8)
14. Perdón (Mateo 18:33)
15. Clemencia (Salmo 103:13)
16. Ternura (Mateo 9:36)
17. Ayuda (Mateo 25:35-40)
18. Bendición (Isaías 49:10)
19. Piedad (1 Timoteo 3:12)
20. Alivio (Isaías 61:1)

*no incluye los versículos bíblicos

PRUDENCIA

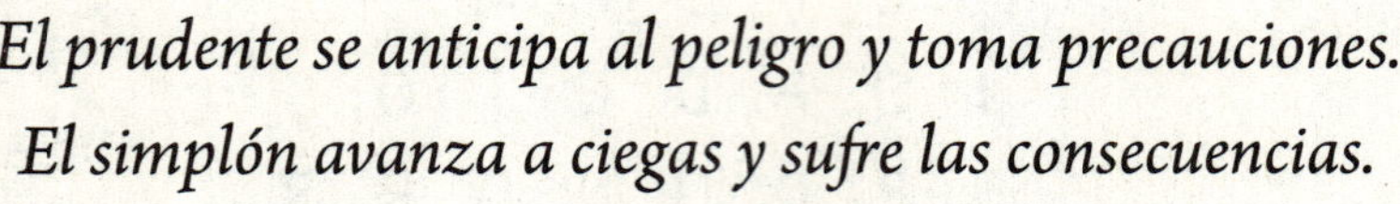

El prudente se anticipa al peligro y toma precauciones.
El simplón avanza a ciegas y sufre las consecuencias.

Proverbios 22:3, NTV

Durante la pandemia del 2020, me sorprendió descubrir que una amiga no consideraba peligroso el virus y no usaba cubrebocas si no la obligaban. Creía que todo era un invento. Además, me preguntaba si no tenía yo fe, pues Dios está en control y moriremos cuando Él quiera. No me atreví a decirle: "¿Y si viniera un camión a toda carrera, cruzarías la calle porque tienes fe?".

Vivimos en una era de peligros. El crimen ha aumentado; sabemos de atracos, secuestros y trata humana. En algunos países el terrorismo es una amenaza. Nos preocupamos porque los hijos no caigan en algunas trampas por medio del Internet. Es importante no ser controlados por el temor sino "tomar precauciones".

"El prudente se anticipa al peligro y toma precauciones". No se queda congelado por el temor. Cuando Nehemías empezó la obra de reparar y reconstruir los grandes muros de Jerusalén, los enemigos de Israel amenazaban atacarlos. No desistieron, sino que "los que reedificaban la muralla… llevaban la carga en una mano trabajando en la obra, y en la otra empuñaban un arma" (Nehemías 4:17, LBLA). Combinaron la fe en Dios y la acción para prevenir el peligro.

No seamos como "el simplón [que] avanza a ciegas y sufre las consecuencias". Además de fe, Dios nos ha dado sentido común y también prudencia para tomar buenas decisiones. ¡Demos pasos firmes el día de hoy!

Padre, hazme prudente para enfrentar el futuro.

M I É S Q S G M O D E R A C I Ó N I N O
U A Í A T R A C O S Q Í P N Ú X L I Y C
I Z U H F Ñ Ü P Á H V V Ñ A C N E O N A
U Á S T O P L P Ü K Z I L Á I C X F M M
P Ü L A O M C L E Y Ñ H R K J S Z Ú G I
P N L G B C A Á R L A F V U Í A H K N Ó
O D G B A I O B B H I T Ñ T S B X O É N
G D I S I R D N T V J G X Ñ L I E B G J
S F N S D A M U T K E Ú R N J D Ñ R Ü É
M I E É C O K A R R G C K O C U F A E L
A Ú Ñ Ú X E Ñ M I Í O É T E U R Ó L Ñ O
N R V T É Á R X Ñ Á A L G G Ú Í X Y N M
O E Ü J A B O N T A C T O P R A I K Z C
Ú F L R Ü A Ú X I Ü É Ñ K T C D H C N O
É L Ü Í V Ñ R H R M O Q Z M Z I L A J N
E E E N T E N D I M I E N T O V Q M Ñ S
K X D H B K U Á Z L L E Á T X I J U Á E
C I Ú M C A R R E R A L N S A N X R Z J
N Ó C A U T E L A R O Ó Á T L A Ñ O Y O
B N H H Ú P R U D E N C I A O T X S L F

1. Peligro
2. Virus
3. Camión
4. Carrera
5. Atracos
6. Obra
7. Muros
8. Mano
9. Arma
10. Prudencia
11. Sabiduría (Proverbios 2:11)
12. Entendimiento (Proverbios 3:21)
13. Discernimiento (Proverbios 14:8)
14. Cautela (Proverbios 22:3)
15. Sabiduría divina (Santiago 1:5)
16. Moderación (Proverbios 12:23)
17. Tacto (Proverbios 15:23)
18. Consejo (Proverbios 11:14)
19. Autocontrol (Proverbios 16:32)
20. Reflexión (Proverbios 19:2)

*no incluye los versículos bíblicos

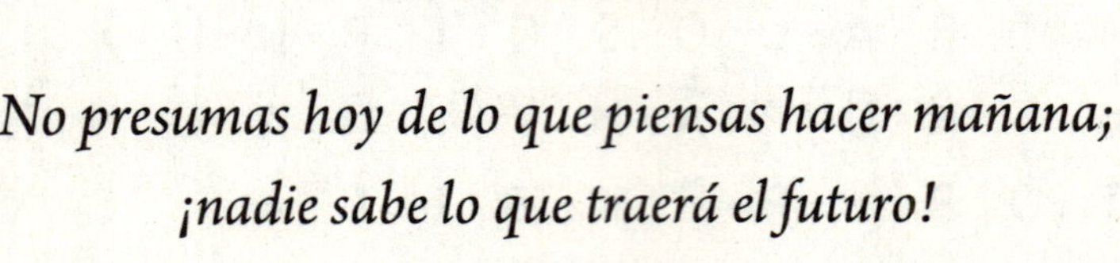

ENTREGA

No presumas hoy de lo que piensas hacer mañana;
¡nadie sabe lo que traerá el futuro!

Proverbios 27:1, TLA

Recientemente *The New York Times* publicó un resumen del año 2020 con las fotografías más significativas de lo vivido por la humanidad en cada mes. Lo tituló: "Un año como ningún otro". La revista *Time* dedicó su portada al 2020 con la frase: "El peor año de la historia", subrayando la expresión con una gran "X" sobre el número. Ciertamente la pandemia de la COVID-19 tomó por sorpresa al mundo y el año fue en extremo difícil.

Sin embargo, hay voces que opinan que se han vivido cosas peores en el pasado con las guerras mundiales y los años de recesión económica. "Cada uno habla de la feria según le va en ella", dice el refrán.

¡Cuán acertado es el proverbio de hoy! Nadie sabía lo que nos traería el porvenir. Ni lo sabemos aún. En el 2020 hemos aprendido humildad ante el futuro. Tenemos mayor consciencia de que no tenemos el control sobre el mañana. Recuerdo las palabras de un canto que solíamos entonar en los campamentos juveniles: "Nada sé sobre el futuro, desconozco lo que habrá"; canto que también nos alentaba: "Nada temo del futuro, pues Jesús conmigo está".

Nuestras circunstancias pueden hacernos sentir en el extremo de la autosuficiencia o en el lado del temor. Nuestro equilibrio es la esperanza. Que nuestra paz esté fundamentada en la promesa de Jesús cuando dijo: "Yo estoy con vosotros hasta el fin del mundo".

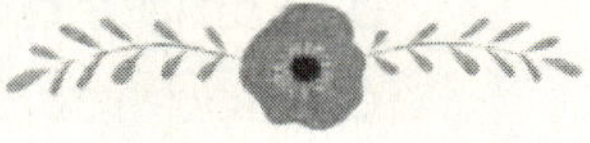

Señor, pongo mi vida en tus manos. Tú cumplirás tu propósito en mí.

M N X M Ü H S Ú P Z S L X Y

Q O Ó A A S U F D I O Ü E Ñ Á A

M R O V F Z É J K Ú E R J R O Á K É

Q Í M Á Ó Z R G E Y X X V E V Z U I X V

Y L M I E P A X C H B B E O I Y Ü V R Í

C Ü Y M E S M I I Ü Ü G N Á C Y I A N S

G A L S R O O E Ó Ú Ú M I S I I R X Q Y

F H N H A E R Z N D C Ñ M R R O O Ó U Ü H

Ó I M T A C N G U E R R A S Z K B P N N I

B N J O L R U A Q A Ó G M F A B D T O

A I N V Y Ú B L D

U X U M O K B F C X L T Z I Q G Z V V

L I P Í S B D L A I I R D P S L Z H N Í A

F J X X R E C Z S N C A M L P M K Y X G Á

U F É X G D G Ú O D Z I V B O H A L R D Z

T S Q D P I Á K R X A O X S K T Ñ G B Á

U Y K Q A E Ó J P Ú Ó S Ú I T S Q A E U

R F E Ú S N Z A R Ñ L P X C E A X P N F

O Z D A C Ó Á E Í S J V I M R G D A

N Ñ D I K M S O X Q X Ó O Y Á T

P H O A Z Y A B D N R L H L

1. Mañana
2. Futuro
3. Mes
4. Sorpresa
5. Pasado
6. Guerras
7. Porvenir
8. Canto
9. Temor
10. Fin
11. Sujeción (Santiago 4:7)
12. Sacrificio (Romanos 12:1)
13. Devoción (Colosenses 3:23)
14. Obediencia (1 Samuel 15:22)
15. Amor (Mateo 22:37-39)
16. Fe (Proverbios 3:5-6)
17. Renuncia (Mateo 19:21)
18. Servicio (Mateo 25:40)
19. Alabanza (Salmo 95:6)
20. Disposición (Isaías 6:8)

*no incluye los versículos bíblicos

MIEDO

Por eso, hijos míos, escúchenme
y presten atención a mis palabras.

Proverbios 7:24, NTV

En *El Princípe Caspian,* Aslan no se muestra a los niños desde el principio, sino que espera que ellos sigan sin verlo, en otras palabras, que experimenten la fe. Susan, la hermana mayor, elige no creer que Aslan los está guiando porque está cansada y quiere salir del bosque, así que Aslan le dice: "Has escuchado a tus miedos, pequeña".

¿A quién escuchamos: a la fe o a nuestros miedos? C. S. Lewis escribió que el enemigo real de la fe no es la razón, sino la emoción y la imaginación. Aunque nuestras creencias sean evidentes, no siempre creemos. Cuando aprendemos a nadar, por ejemplo, aunque nos expliquen que el agua nos sostendrá, nuestro miedo irracional nos puede hundir.

La fe, escribió CS Lewis, es "sostenernos a las cosas que nuestra razón ha aceptado, a pesar de nuestros cambios de humor". Durante la pandemia del 2020, el miedo se presentó en muchos hogares e, incluso, afectó la salud de muchos. ¿Cuál es el remedio? Sostenernos motivados por las promesas de Dios y no por nuestra imaginación. Recordemos: "Cuando pases por aguas profundas, yo estaré contigo. Cuando pases por ríos de dificultad, no te ahogarás" (Isaías 43:2, NTV).

La voz del miedo es profunda y nos puede sacudir, pero hagamos caso del proverbio de hoy y escuchemos a Dios, la Sabiduría misma. Entonces, como dice el antiguo himno, "la gracia aliviará nuestros temores".

Señor, ciertamente tengo miedo, pero confío en ti.

X Z R A Z Ó N T R F

G S C A N S A D A M R Ñ Ü F

I Q U V S G X Z L G E C F V K Z É K

S F Ó Ñ X É V Ú T É J O Ñ F O Ü H L E J

M E B O S Q U E A F V C Z Í C Z R N U F É I

Ü I Á G F Ñ M V E D F L Ú Q R L L E

A N Ó A B H Ó F A Í I E P É K A E Í Z

E I R Z Ó O L M L O F O É Á G N L F F G

F O Ñ Y Q É G F M E H I U O V Ó G V U U D N

E N O V V A A O A N S C B N F I D A L Ú G Q

O X J S C T Ó R F T T B U Ü Ü Ó M E Q L N B I S

C B B L S X U E R E Í E L O K K U S C Ó X E Á O

J Á B X U Ü J S K M A J T A C J B A N Ñ Í M H C

Í Ü G Z R S É É P Z M X O Ó H A T H A U X E P L K Í N V G K

Ñ A N S I E D A D Y Q I R G Z D Ü E L S Ó E Y I E T N Z Í A

Ü I Ó Í U H K J H V M Ü J Í Ñ Ü Z Z R V Ñ H D E I Í B G Ñ X

U Z V Q C O T Z U N T C U É I E A O Y R S S U N F P Ü G V P

O X V D Q Y X S M É C T J V Ó U F A Q G O Í G T Í R T Y G Í

F Ó Ü J Ó T F O P L K Ü Z D Á Z I X Á Ñ R Y O O É H C Q

O Ü Y F Ó M R F D Z S T L Y X T G N R R Y T G J Ó O

E S S H C L I B E R A C I Ó N S Q I H E M H A

J L F J Á R C I Í U

E Ñ Q A É Y T C U É

C U Z D G G F Ñ D I Ú B

P P Y U Ó T K Y Z Q L Ú C O N F I A N Z A Ú Ó G

Y H Ü Á D Í R Ü P M I E D O S N F Á H O R N

A D M X T B É S P U S T I R N U B Ó M R

K Y Á M D O F R Í O S Z K Ó O T Y A

Á M C Z R É V É N O Ü E Ú T

B K F Ú G Ü Í Y S E

1. Niños
2. Cansada
3. Bosque
4. Miedos
5. Razón
6. Humor
7. Hogares
8. Dificultad
9. Ríos
10. Voz
11. Temor (Proverbios 1:7)
12. Ansiedad (Filipenses 4:6)
13. Terror (Salmo 91:5)
14. Confianza (Salmo 56:3)
15. Fe (Isaías 41:10)
16. Refugio (Salmo 46:1)
17. Valentía (Josué 1:9)
18. Protección (Salmo 23:4)
19. Desaliento (2 Timoteo 1:7)
20. Liberación (Isaías 35:4)

*no incluye los versículos bíblicos

PAN

Venid, comed mi pan.

Proverbios 9:5, RVR1960

Se dice que existen entre trescientos y novecientos tipos diferentes de pan en México, con nombres tan divertidos como ojo de pancha, cocol, huacal o chilindrina. El pan lo puedes hornear, freír o asar. Cuando tienes mucha hambre, un trozo puede calmar tu estómago unas horas. El pan, en pocas palabras, es uno de los alimentos más antiguos y consumidos del mundo. ¿Sabías que una vez el pan cayó del cielo?

Mientras los israelitas vagaban por el desierto, Dios proveyó para ellos un tipo de hojuela que cubría la tierra como el rocío de la mañana y que se usaba para hacer pan. Aunque los israelitas le llamaron "maná" o "qué es esto", podemos concluir que era un pan celestial. Sin embargo, seguían teniendo hambre de algo más. A pesar de que no les faltaba el pan, seguían vacíos. ¿Por qué? Porque ninguna comida, por muy abundante que sea, puede llenar el alma de aceptación, perdón y paz.

Sin embargo, cuando Jesús estuvo en el mundo, dijo a sus seguidores: "Yo soy el pan de vida. El que viene a mí nunca volverá a tener hambre" (Juan 6:35). En otras palabras, les estaba diciendo que conocerle a Él trae lo que tanto anhelamos: vida eterna. "Yo soy el pan verdadero que descendió del cielo. El que coma de este pan no morirá —como les pasó a sus antepasados a pesar de haber comido el maná— sino que vivirá para siempre" (Juan 6:58, NTV):

La sabiduría nos invita a venir y comer del pan del cielo, el que nos dará vida después de la muerte. Todos los seres humanos tenemos miedo del paso entre este mundo y lo que sigue, y hacemos lo imposible por evitarlo o no ser olvidados. Sin embargo, tenemos la clave para una vida sin fin: creer en Jesús, el pan del cielo.

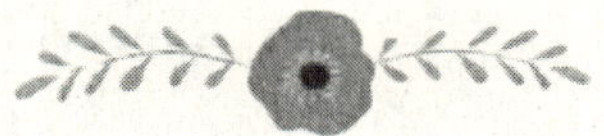

Jesús, tú eres el pan que vino del cielo. Dame la vida eterna.

```
                            P
                            B
                          L E P
                          A N C
                          A D U
                        M Ñ I E M
                        Í Z C R P
                        Y A I P E
                      É M X Ó O R H
                      P J N N E D G
                      D O X I M Ó L
O R Ü N Y L X Ñ G I Q M G R T S N B U Ñ Y M F Ú Q E G É Ó
  P A Z J J Í C F T H O S P I T A L I D A D I Í M A N Á
      V I D A Í O O S D G Ú P Q Z P I J J T R O Z O
        O P J Í E L U S P D N F I A X K C I E L O
          A O O A S S Á P M B G A N E E Í K F R
              H X Y T É S A H R L Á M U Y T
                Ü I E Ó Á N N A I C G C V
                  P N U M Á G N M I R A
                  P T G H A Í O E M N R
                  L O U É A G Ú N O H I
                T É V L A U K O T C Í S F
                M J I L K Y X O O L H T Á
                Q P D U Z N   Ü Q A R Í V
              Í D B A F H       Z V P A V B
              S E U H A           E R C B U
              G É É                   O S A
            Ñ G J                       C É S
            A A                           Í V
            O                               O
```

1. Pan
2. Trozo
3. Estómago
4. Rocío
5. Maná
6. Perdón
7. Paz
8. Cielo
9. Vida
10. Clave
11. Alimento (Mateo 6:11)
12. Maná (Éxodo 16:4)
13. Vida (Juan 6:35)
14. Cuerpo (Mateo 26:26)
15. Sustento (Mateo 4:4)
16. Bendición (Deuteronomio 8:3)
17. Hospitalidad (Lucas 24:30)
18. Grano (Juan 12:24)
19. Pan Ácimo (Éxodo 12:15)
20. Eucaristía (1 Corintios 11:24)

*no incluye los versículos bíblicos

SANIDAD

El que es imprudente critica a su amigo;
el que piensa lo que dice sabe cuándo guardar silencio.

Proverbios 11:12, TLA

Los educadores han encontrado que, por lo general, el acoso escolar empieza en casa, ya sea por padres autoritarios que gritan y regañan, sin realmente disciplinar, o por hermanos mayores que abusan verbal y físicamente de los menores. En un estudio realizado por la universidad de Bristol, se encontró que el 28% de niños encuestados sufrían por apodos o golpes.

Cuando yo tenía nueve o diez años empecé a generar malos hábitos alimenticios. Tenía un joven tío al que le gustaba hacer bromas a costa de mi apariencia, así que empezó a llamarme "Ninfa *tractoris*", un apodo divertido para algunos, pero bastante hiriente para mí. El apodo, ingenioso y cruel, fue devastador para mi autoestima.

Los apodos entre familiares son comunes, y la mayor parte de las veces son, en realidad, una crítica enmascarada o abierta a las características de una persona. Otra traducción del proverbio de hoy lo expresa así: "El que carece de entendimiento menosprecia a su prójimo; mas el hombre prudente calla" (RVR1960). Poner un apodo a una persona, destacando sus debilidades, es una forma de menosprecio. Aun cuando sea divertido e ingenioso, es mejor ser prudente y callar.

No es fácil romper con un ciclo de burlas y menosprecio en la familia, pero divertirnos a expensas de las debilidades de otro no es gracioso. ¿Qué puedes hacer al respecto? No seas parte ni te rías, sino muestra con la Palabra que es mejor tratar de encontrar expresiones que refuercen nuestro aprecio por amigos y familiares, en especial por los niños.

Señor, sana mis heridas y ayúdame a no herir a los demás con mis palabras.

P K
L L
Z F
Ü Y N Á O A E P X J Ñ
M M Ñ I L J L Á G R I M A S R Z
S P M P Ñ S A L V A C I Ó N N C D Ü
I E G A O R E S T A U R A C I Ó N D
S E F B C S Q P Ó T H E R I D A D G B Á
M Á É S O L K M A P R E C I O A Q O O Á
H V E Ñ S C I G I R F Z G M F P C L R H
Ú B O C O Z C B R L L Ñ C Ü E O B P A G
Ó U D O U E Z R E A A Q É A D D L E C H
E R E D Ó R A F Í R C G Á T S O P S I Ñ
Ñ L E A G Á A S Ü T A I R I Q A E M Ó H
A Ó A R Á M C Á Ó I C A O Ó R R Á N
S V B L N Á S I L L C I Í S Z D L T
O G I I L I M Ó M Ú A Ó Í X Ó V
F V Ú D C Í Ñ N X I L N R N
O É Ñ A S L Ó M S I D R
P D M Q Í

1. Acoso
2. Casa
3. Niños
4. Golpes
5. Crítica
6. Apodo
7. Realidad
8. Burlas
9. Aprecio
10. Heridas
11. Curación (Éxodo 15:26)
12. Restauración (Salmo 23:3)
13. Milagros (Mateo 4:24)
14. Fe (Mateo 9:22)
15. Oración (Santiago 5:14-15)
16. Gracia (Lucas 17:19)
17. Perdón (Salmo 103:3)
18. Liberación (Isaías 61:1)
19. Lágrimas (Salmo 56:8)
20. Salvación (Isaías 53:5)

*no incluye los versículos bíblicos

PROBLEMAS

Sin consulta, los planes se frustran,

pero con muchos consejeros, triunfan.

Proverbios 15:22, LBLA

Cerca de mi ciudad hay un campamento que ha sido un verdadero oasis para miles de vidas de niños, jóvenes y adultos. Siempre que asistí, hubo una consejera en nuestro cuarto o cabaña. Nos guiaba en nuestros devocionales diarios y estaba dispuesta a aconsejarnos en cualquier tema que quisiéramos consultar con ella.

Una consejera me ayudó a tomar la decisión más importante de mi vida: aceptar a Cristo como mi Salvador personal. Años después, pedí el consejo de un misionero para elegir mi profesión y cuando tuve que hacer decisiones sentimentales, busqué el asesoramiento de uno de mis maestros en el seminario. Hoy puedo sentirme agradecida por los consejeros que Dios me dio para tomar las tres decisiones más importantes de mi vida.

A medida que vamos creciendo en edad, se nos dificulta más pedir el consejo de otros para tomar nuestras decisiones. La Biblia nos aconseja consultar sobre nuestros planes. ¡Para triunfar es mejor tener muchos consejeros! Podemos aprovechar la sabiduría y experiencia de las personas idóneas que Dios ha puesto como nuestros líderes y amigos. Y aun si no encontramos una persona idónea, siempre podemos acercarnos a Jesús, nuestro Admirable Consejero (Isaías 9:6, NBLA).

No seamos sabios en nuestra propia opinión. ¿Enfrentas hoy una situación en la que te vendría bien un consejo? Pide a Dios que te provea no solo de uno sino de varios consejeros, y toma en cuenta sus recomendaciones, sobre todo para las decisiones más importantes de tu vida.

Señor, te pido ayuda para resolver mis problemas y humildad para seguir el consejo.

C D P R L G V U
C N Ú I R A Á I C Ñ P Ü
Á O X K K U E F U D V Ü L R
P C N R E Ú E D Í L H E X U A T
X É N G Ú R K B R A C I U R Ú Ó N X
Á H Ú O B D O A A F D A C O E Ñ E E
J I T Ú J V T P S L T F I B C A S Ü É S
Y K Ú F A K M Ü S Ü S C É L A I S X V F
Y T O P I N I Ó N A Ñ Y H Ú F Ñ Ó I Q M
X U T R I B U L A C I O N E S Ú A N S C
E K E C G P Ú P E R S E V E R A N C I A
X S Y H S Á L M T E N T A C I Ó N J Á M
Í Ú P C F E J C A N G U S T I A Ñ E Y M
C H Ñ E O I M K Á K É I É B B Á N C I T
Ñ T G R N D I R E S C A T E Q L Y N
V G I I A S Ó N D Ú C O N S E J O V
Ú B R V N U N A H L Í Z É X S R
E O Ó Ñ Z E E R M U V É M D
E D A D A L A I M M F I
Z N J O O N O E

1. Planes
2. Ciudad
3. Oasis
4. Cabaña
5. Consejo
6. Seminario
7. Edad
8. Lideres
9. Idónea
10. Opinión
11. Pruebas (Santiago 1:2-3)
12. Tribulaciones (Romanos 5:3)
13. Angustia (Salmo 34:19)
14. Aflicción (2 Corintios 1:4)
15. Tentación (1 Corintios 10:13)
16. Congoja (Salmo 55:4)
17. Perseverancia (Romanos 5:4)
18. Rescate (Salmo 34:17)
19. Consuelo (2 Corintios 1:3-4)
20. Esperanza (Romanos 8:28)

*no incluye los versículos bíblicos

CORAZÓN LIMPIO

Se consideran puras en su propia opinión,
pero están sucias y no se han lavado.

Proverbios 30:12, NTV

Las sustancias para limpiarse han evolucionado. Ahora tenemos una plétora de jabones sólidos y líquidos, algunos antibacteriales. En tiempos de pandemia se incrementó la venta de geles, alcohol y otras sustancias para desinfectar a las personas y objetos. Aun así, ninguna purifica el interior de nuestro ser.

Al llegar los conquistadores a México, descubrieron que los indígenas practicaban el aseo diario en lagos, ríos o temazcales (baños de vapor). La higiene de los españoles distaba mucho de esas costumbres. De hecho, en el siglo XIV, los médicos europeos ya desaconsejaban los baños calientes. Se dice que Luis XIV solo se bañó dos veces en toda su vida, pero se consideraba muy limpio por cambiarse de ropa dos veces al día.

Este proverbio se refiere a quienes se creen puros, pero están sucios. Por supuesto, se refiere a su estado espiritual. Seguramente guardaban ciertos mandamientos rituales con rigor, sin guardar una verdadera devoción hacia Dios. De la misma manera, Dios le reclama a la iglesia de Laodicea: "Porque tú dices: Yo soy rico... y de ninguna cosa tengo necesidad; y no sabes que tú eres un desventurado, miserable, pobre, ciego y desnudo" (Apocalipsis 3:17, RVR1960). No habían permitido que Jesucristo realmente los limpiara y sanara desde adentro.

Si somos limpias y pulcras, tenemos hábitos encomiables. Pero el "baño diario" debe incluir la higiene mental y espiritual. ¿Has permitido que Cristo te haga una "nueva creación"? (2 Corintios 5:17, NVI). Este es el primer paso. Después hace falta confesar los pecados y acercarnos al Señor de forma constante.

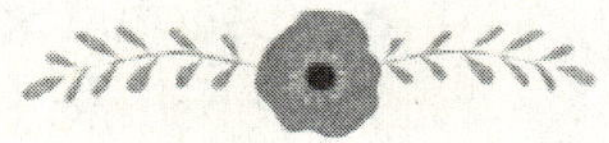

Crea en mí, oh, Señor, un corazón limpio.

U G J Í Z S Q Ú
Í E Z M V Z F K U É Z L
Z D V H Ñ Ü G R Z Á G C Ñ Á P E
H D R E C T I T U D H R M Y I Ó C M G É
K D I S L B U F P E R D Ó N Ñ A Ú Ñ A B S
J Ó S A N T I F I C A C I Ó N S R H H A C
H U É P G R E N O V A C I Ó N R O P A Ñ G
N M S H U O I K Ü Ñ Y L O B J E T O S O I
A Z U T A R R E P E N T I M I E N T O S N
S X P I Q E L A G O S Ñ R N H Z S A Í
D E L Y C É Z O B E D I E N C I A I S
V O H Y I Ó A É F U E S T A D O P
R E H L Ó A D Ü E B G K V G U Z J
P R U P L É T O R A X E C É I
U D M M R I K Ñ C C N A K
V A I K P A J I S T P
Z D L X Q U E I A
C Á D Á H G D
Ü F A Z O
C G D
U

1. Sucias
2. Plétora
3. Venta
4. Objetos
5. Aseo
6. Lagos
7. Baños
8. Ropa
9. Estado
10. Ciego
11. Pureza (Mateo 5:8)
12. Santificación (1 Tesalonicenses 4:3)
13. Rectitud (Salmo 51:10)
14. Arrepentimiento (Hechos 3:19)
15. Perdón (1 Juan 1:9)
16. Humildad (Salmo 51:17)
17. Obediencia (Salmo 119:9)
18. Renovación (Ezequiel 36:26)
19. Justicia (Salmo 24:4)
20. Verdad (Salmo 51:6)

*no incluye los versículos bíblicos

SEMBRADOR

Comerán del fruto de su camino,
y serán hastiados de su propio consejo.

Proverbios 1:31, RVR1960

El dicho: "No le pidas peras al olmo" nos muestra una ley fundamental: segamos lo que sembramos. No cosecharemos manzanas, a menos que hayamos plantado un manzano. No habrá uvas sin vid. Y este proverbio nos recuerda que en esta vida comemos el fruto de lo que hemos cultivado.

Una vida sin Dios produce mentiras, enemistades, borracheras, pleitos, celos, envidia y enojo. Cuando Él no forma parte de nuestro diario vivir, lo natural es no pensar en los demás. Sin Dios en el panorama, no creemos en una vida después de la muerte, así que nos regimos por el "vive y dejar vivir". Pero basta un vistazo a nuestra sociedad actual para ver lo que hemos provocado: gobiernos corruptos, familias destruidas, entretenimiento inmoral, abusos y trata de personas.

El apóstol Pablo escribió que "el que siembra para el Espíritu, del Espíritu segará vida eterna" (Gálatas 6:8, RVR1960). En Gálatas nos dice que cuando Dios forma parte de nuestra vida, cosechamos amor, gozo, paz, paciencia, bondad, amabilidad, fidelidad, control propio y humildad (Gálatas 5:22-23, NTV). ¿No es una mejor lista que la anterior?

En el proverbio de hoy, el sabio escritor lamenta que quienes menosprecian la sabiduría, comerán del fruto de su camino, es decir, cosecharán lo que sembraron. ¿Qué cultivaremos el día de hoy? Recuerda que la Palabra de Dios es como una semilla: si diariamente plantamos estos proverbios en nuestros corazones, comeremos un fruto dulce, sabroso y nutritivo.

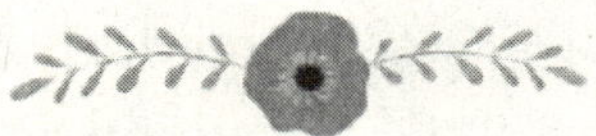

Señor, ayúdame a sembrar tu Palabra en mi vida para cosechar todo lo bueno que viene de ti.

C

E O U

G H T É Á

L E Y I Ú Í J

P A C I E N C I A

P Á Ñ B Q R S F S S V

V F R U T O R M I S T I É

J S B T R A T A D D I R S R Q

U K P S E M I L L A E E A T D B I

V U B E N D I C I Ó N L M B A U O F Ü

U E P A L A B R A Í G D I B A Z L N D F Á

O X L I S T A B Á E Á D R J O C D C Ü

P A B U N D A N C I A A O H E A O

Á M Z R H C E Y L D P Ü Ü S D

I A Ü C O S E C H A Ñ Z V

Ó N Ó V M X G R X U E

D Z É I A N X Q U

I A I D Ó U É

C N D A Ó

H O S

O

1. Dicho
2. Ley
3. Manzano
4. Vid
5. Vistazo
6. Trata
7. Bondad
8. Lista
9. Semilla
10. Dulce
11. Siembra (Mateo 13:3)
12. Palabra (Marcos 4:14)
13. Cosecha (Mateo 9:37)
14. Fruto (Juan 15:5)
15. Tierra (Mateo 13:8)
16. Paciencia (Santiago 5:7)
17. Abundancia (Lucas 6:38)
18. Fidelidad (1 Corintios 3:6)
19. Bendición (2 Corintios 9:6)
20. Trabajo (1 Corintios 3:9)

*no incluye los versículos bíblicos

JUSTICIA Y LIBERTAD

Los malvados no duermen si no hacen lo malo;
pierden el sueño si no hacen que alguien caiga.

Proverbios 4:16, NVI

La maldad hoy está en su apogeo: oímos sobre asesinatos, robos descarados, gobernantes corruptos, pornografía, drogas, secuestros, desapariciones, venta de niños y mujeres, esclavitud en pleno siglo XXI. En lugar de mejorar, la raza humana está en plena decadencia.

Leí la historia de una mujer que había escapado de una banda de tratantes de blancas. Casi no le daban de comer y la mantenían encerrada junto con otras muchas mujeres en una jaula, donde no había espacio para que pudieran acostarse en el suelo. De cuando en cuando, eran golpeadas hasta desmayarse y, cuando alguien no cooperaba, simplemente la mataban y la sustituían con alguna otra chica robada. Pudo escaparse cuando uno de los tipos que las cuidaban se emborrachó y dejó las llaves de la jaula al alcance de ella. Al abrir la jaula, les dijo a las otras chicas que se escaparan con ella, pero, por el miedo terrible que tenían, no quisieron. Cuando escapó, la persiguieron tirándole a matar, pero ella se escondió entre la vegetación y esperó hasta que pudo llegar a un lugar seguro.

Jesús vino a "pregonar libertad a los cautivos" (Lucas 4:18, RVR1960). Sin embargo, como sucedió en la historia anterior, quizá cuando vemos la puerta abierta hacia la libertad el miedo nos paraliza y ¡no aceptamos la salida que se nos ha ofrecido!

Hoy podemos orar por la liberación de todas esas personas que están sufriendo por esta gente malvada. Pero también, pensemos en si hemos recibido la libertad que Jesús nos ofrece.

Señor, haz justicia en esta tierra y libera a las personas que están sufriendo esclavitud.

O B Ñ Ü É Ú H Ó Ñ R U T G Ó M Ñ L É J Ü
Ó D K Y J Á Z J M N Y X R Ú D Á Ó D A Y
L J D U V B Y B U A D G A Y U A I R U Í
Ü C Q R Á Y Ü B G K L T C U Z R G X L Ó
Ó Z M K G E M D N U Y D I Y B E F Ó A É
O M Á I U G L O E Ü É V A F P Z G Ü L F
Q O H H Ú P V Ñ Í C E E Ü D P R E S Y S
U S O Ü C H U H J J A L M S N Q N U C Ú
L I B E R T A D Ñ D O D K G H Z T E H S
Q J J Z É U T C Ú É G X E J E É E Ñ Ó U
A T U Ñ Ú R E C T I T U D N U H I O C E
Y Q B U S L I B E R T A D J C S I Ó U L
A F V E R D A D N Ú X F L A N I T Ú Á O
V Ñ Ú R M H I N B I Z D L T P R A O X U
E R R E D E N C I Ó N Q A J E A R J O S
Z F V P X S Y Ú L Y F Z V Z R U K C K I
Z R A Z A Q U E P R Z Ü E Y D Ó L Z B K
Ó Q É G V Ñ É H M F E T S Ñ Ó N T E G Ñ
M D S A L V A C I Ó N O Z L N P A Z Y N
O M P Í E Á N D Q A E S P A C I O A B Z

1. Maldad
2. Sueño
3. Raza
4. Decadencia
5. Jaula
6. Espacio
7. Suelo
8. Llaves
9. Libertad
10. Gente
11. Redención (Gálatas 5:1)
12. Gracia (Efesios 2:8-9)
13. Verdad (Juan 8:32)
14. Perdón (1 Juan 1:9)
15. Libertad (Romanos 6:18)
16. Rectitud (Salmo 11:7)
17. Paz (Isaías 32:17)
18. Salvación (Salmo 85:9)
19. Ley (Salmo 119:142)
20. Justo (2 Tesalonicenses 1:6-7)

*no incluye los versículos bíblicos

UNO

Bebe el manantial de tu misma cisterna,
y los raudales de tu propio pozo.

Proverbios 5:15, RVR1960

En el mito maya, el hombre y la mujer fueron creados del maíz. Los dioses les dieron inteligencia y una visión que podía alcanzar hasta las cuatro esquinas de la tierra. De hecho, podían ver tanto que los dioses se preocuparon. Eso era demasiado poder. Así que nublaron su visión para que solo vieran lo más cercano. Y aunque esta es una leyenda, tiene un poco de verdad: ¡cada día los hombres vemos menos! De hecho, hemos negado una importante verdad: ¡la importancia del matrimonio!

En todos los mitos que revisé de la creación del hombre, se menciona la unión de un hombre y de una mujer como el inicio de la raza humana. Todo comenzó con un matrimonio. ¿Por qué ahora nos cuesta tanto comprender esta sencilla verdad?

La Biblia enseña claramente que Dios creó al hombre a su imagen, y que creó varón y hembra. Luego, nos dice con mucha solemnidad, que el hombre se unirá a su mujer y serán una sola carne (Génesis 2:24, RVR1960). La palabra hebrea para "una" es *echad,* que no se refiere a un valor numérico sino a algo que es completo, una sola pieza. No hay relación personal en el mundo que sea tan íntima, perfecta y satisfactoria como el matrimonio bendecido por Dios. Por eso nuestro proverbio nos dice que solo bebamos de la sexualidad en nuestro propio pozo.

Una frase muy famosa de la película *Jerry Maguire* dice: "Tú me completas". Podemos traducirlo también como "tú me complementas o tú me haces completo". De eso se trata el matrimonio. Dios quiere que seamos una unidad, una sola carne. Nuestro cónyuge nos puede completar. Bebamos de nuestro pozo y no permitamos que los valores falsos nublen nuestra visión. ¿Lo intentamos?

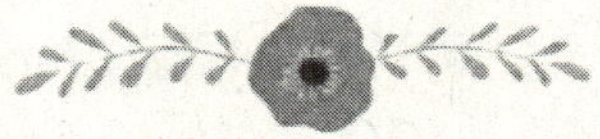

Señor, quiero ser una sola carne con mi esposo. Ayúdame.

P O Z O V Í Ó D A O I Ñ Í C

Í V E R D A D E J M Z C R Í V F

G M I T V Y F R C Y Ñ M A X E R Ü C

P I J E D E V Q F L R T A R U H A V Q U

Ü S G É L R D A Q P Á S N N Í V U E C N

Q M T Q X D Ó T L Ñ X L A E U A D M U É

M O F Ú E A Q D C O A É N Á Ú R A X E Ú

T X V O Ú D U X D G R Í G T K R Ó L É R T

G Q I N Ú C N G Ú É O E Z I J O N E B P Q

K F E Ñ Ú I Ó N M T P S A N Ñ Í S J O

B S K V E L R L S

Ü J G A K Ú É T Ú Ú S N O H E M B R A

B S O Ü M L B Ü S E S Ü P Ü P Q Ñ U Ó É U

E A M O R Á K B N S R Ñ S Í Ó Ó Q O Ü S Ü

D O Á P C D M Z É Ó T N I U R T S A R C D

I B G K T U F Ñ Ñ Ü C A P F I X I V A F

O É U N I D A D L Ü M M Ú J Ü T U T J Ñ

S J H J D H Q Ü Y B N Á V I X D U K O U

Z P Ü Q Ñ E S T I E Ó D É Í Í Ó R A

Y S U J S O C N H Á V I S I Ó N

T N A M P H S Z Á C K X Ó X

1. Manantial
2. Raudales
3. Cisterna
4. Pozo
5. Verdad
6. Carne
7. Varón
8. Hembra
9. Valores
10. Visión
11. Unidad (Juan 17:21)
12. Dios (Deuteronomio 6:4)
13. Cuerpo (1 Corintios 12:12)
14. Fe (Efesios 4:5)
15. Espíritu (Efesios 4:4)
16. Señor (1 Corintios 8:6)
17. Amor (Juan 13:34)
18. Mismo (Juan 10:30)
19. Propósito (Filipenses 1:27)
20. Verdad (Juan 14:6)

*no incluye los versículos bíblicos

CORRECCIÓN

No reprendas al escarnecedor,
para que no te aborrezca;
corrige al sabio, y te amará.

Proverbios 9:8, RVR1960

Este texto que tienes en tus manos ha pasado por la inspección de muchos ojos, los de mis coautoras, nuestros editores y los correctores de pruebas. En otras palabras, muchas personas piensan que los escritores ponen un texto en el papel y así se imprime. ¡Nada hay más lejos de la verdad! Para que una publicación salga a la luz, debe pasar por el proceso de edición y corrección.

Me gusta enseñar a otros cómo escribir. He dado varios cursos, sobre todo en línea, y mis alumnos mandan sus textos para que yo los lea y los comente. Pero he visto una realidad: no a todos les agrada ser corregidos. Muchos no repiten el texto ni lo vuelven a tocar. Otros defienden sus posturas y no cambian nada, ¡aun cuando sean errores de sintaxis u ortografía! Pero los mejores escritores, aquellos que sienten pasión por las letras y que quieren comunicar algo, se sienten agradecidos.

Este proverbio nos invita a ser humildes. El verdadero sabio ama la corrección. ¿Cómo reaccionas cuando alguien te dice que algo que has hecho no está bien o puede mejorar? ¿Cómo actúas cuando alguien te muestra un error o una actitud que ha dañado a otros? Se requiere humildad para comprender que no somos intachables, pues seguimos haciendo lo malo. Pero seamos agradecidas porque en Cristo siempre tenemos una segunda oportunidad. Como Pablo, podemos decir: "No que lo haya alcanzado ya, ni que ya sea perfecto; sino que prosigo" (Filipenses 3:12, RVR1960).

Ya que aún nos falta mucho camino por recorrer, seamos humildes y recibamos la corrección. Y vayamos un paso más, amemos al que nos reprende, nos instruye y nos enseña.

Padre, ayúdame a apreciar al que me corrige.

Ñ C R T Ü C K Ñ C K
Q D G I J O É C O N S E J O
Ñ G Ñ V Á V X J D E É J G J C C P S
C I D Ó É M Ñ J L S É R É Ü H Z U K E Á
D S Y I S D L Y A Ü A X H R K R P A P E L V
J Q Y M S Z Ñ E N X C C Ó N P O S E
Í Ü N M R C D Ü X T Á K X Á M Y P Í T
H J F V Ú I D Z H I J J P Ü O U O L Z G
N T B A Q F P A A O F Z Á J Z X K R Ú Í L V
L D L Y M K L M Y R I F L Ü Q Ú Q T I M N E
J Ñ O K R T O I E Ú T C R Ü P G I Q U S E K E S
X K D O H Ó D N H I A A E U A J N N N I Ü L U A
Ú Ü E J B O C A E X C C P T L É S L I N T Z N Í
E Á I Ó V K V J Í S Ó B M I I R N A Ú T E X T O D T L L P X
X M Y Ñ C G G O C J T M N Ó Ó E Ñ B Q U B Ñ R B A A U E A D
Ü N X Ó A E U Á Á E R A K N N N Z R Ó H U Ñ U Í D X Z T C J
O L Ú B S U V T F Á P T C M J S V A Q K Í B C D A I Ú R I M
D E P Q T P O R I H V U J I N I B S A B I O C Y L S F A E V
R I S E I G Í O A U N S Á Ó Ó Í A F Z B U I Y É Q S N Ñ
S Á N X G D T H N F É L R N Ó C Ü N E M Ó F M G C Ú
A J Ñ O M R J C S A Í Á M M Ó S Ó Y N Í M Í I
Ú C Á Y B C F U Ü A
K D E Q É K Z N U H
É H L L L I N J Ú D O
B N X A R R E P E N T I M I E N T O Ú T T G P Ü
J M P Í Ó M J L N A Ü E Z Y Á B N P J K Z M
N T F P E C O R R E C C I Ó N X R Ó R K
Ñ O C H P X O L S F X P Ú M I Í Ú Ó
Z N Ü Q M U P A I Ó Ú T Á Í
Q Z N Ñ Í L V C Y K

1. Sabio
2. Línea
3. Papel
4. Luz
5. Texto
6. Palabras
7. Letras
8. Oportunidad
9. Sintaxis
10. Corrección
11. Reprensión (Proverbios 9:8)
12. Castigo (Proverbios 3:11-12)
13. Instrucción (Proverbios 1:8)
14. Amonestación (Colosenses 3:16)
15. Disciplina (Hebreos 12:11)
16. Paciencia (2 Timoteo 4:2)
17. Consejo (Proverbios 15:22)
18. Santificación (1 Tesalonicenses 4:3)
19. Arrepentimiento (Hechos 3:19)
20. Exhortación (Hebreos 10:24-25)

*no incluye los versículos bíblicos

BUEN OÍDO

Al necio le parece bien lo que emprende,
pero el sabio escucha el consejo.

Proverbios 12:15, NVI

¿Has oído la expresión "sigue tu corazón"? El rey Roboam, a pesar de sus cuarenta y un años, todavía pensaba como adolescente. Parecía que no había aprendido nada de la amarga experiencia de su padre durante el tiempo en que se alejó de Dios. El pueblo de Israel se había sentido subyugado por la carga de impuestos durante el gobierno de Salomón. Necesitaban un respiro y vieron la oportunidad cuando Roboam ascendió al trono y esperaron una respuesta favorable.

Roboam prometió responder en tres días y consultó a los ancianos consejeros de su padre, quienes le dijeron que fuera condescendiente con su pueblo, pero también pidió la opinión de sus amigos. Roboam estaba en la edad en la que los hombres suelen pensar que deben parecer más jóvenes, y siguiendo las ideas de sus contemporáneos, dijo que sería más duro de lo que fue su padre. Para su desdicha, sus intenciones hicieron que las doce tribus de Israel se dividieran y reinó solamente sobre dos de las tribus.

Me pregunto si Roboam leyó alguna vez la colección de proverbios que escribió su padre. Si lo hubiera hecho, no habría fracasado. No sólo tenía a los ancianos consejeros, también tenía sus escritos, inspirados por Dios mismo. Roboam pensó que iba a empezar un reino con el pie derecho y su historia terminó con amargura.

El Señor quiere asegurarse de que sigamos los consejos correctos. Nos ha dejado su Palabra escrita para guiarnos en nuestras decisiones de vida, pero no sólo eso, nos ha puesto hombres piadosos apegados a su Palabra que pueden ayudarnos también. Si alguna vez te sientes tentada a "seguir tu corazón", pide consejo.

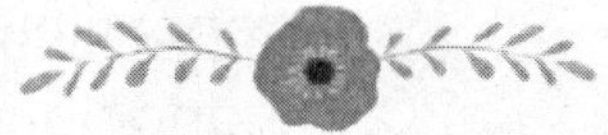

Padre, que aprenda a escuchar buen consejo.

Í
T
V R E
J I Ó
Ú B Í
V A U J R
Ñ O S Ó G
R T B V Z
U Z F R E G P
L Y P O N D A
B M P X E P I
D A O Ü R E V E L A C I Ó N H S H H E U S A B I D U R Í A
D D A Í K R E C E P T I V I D A D Ü N K E L Q S A G P
Ó T P D E S D I C H A I N S T R U C C I Ó N K
K E É D I S C E R N I M I E N T O I F D J
Ó N E Ó C Í E N U P P Á S T C R D A K
C R I Q I Y N M A T C Á O N Ü
I E E Ó I P É D R U D N T
Ó S N C M I R O C Í S
G N P T A P E N H A E
C J X I E N U O A S J
N A Í F Á R N C E R Ñ O S
Q R D Á Z Á O D I S Z R É
H G P O Z U I I A T D Y
É H A G F V S M N O Ú N
I C S Ú M P I O S K
É T M E S F
A Y H N I Ó
Ñ Y T Y
F O

1. Cargas
2. Impuestos
3. Trono
4. Respiro
5. Días
6. Ancianos
7. Jóvenes
8. Padre
9. Desdicha
10. Tribus
11. Escuchar (Salmos 81:8)
12. Atención (Proverbios 4:20)
13. Sabiduría (Proverbios 2:6)
14. Discernimiento (Filipenses 1:9-10)
15. Obediencia (Juan 14:15)
16. Receptividad (Santiago 1:21)
17. Consejo (Proverbios 19:20)
18. Entendimiento (Proverbios 2:2)
19. Instrucción (Proverbios 1:3)
20. Revelación (Efesios 1:17)

*no incluye los versículos bíblicos

HONESTIDAD

Peso y balanzas justas son de Jehová;

obra suya son todas las pesas de la bolsa.

Proverbios 16:11, RVR1960

Cuando era niña, mi mamá me mandaba a la tienda más cercana. El señor que la atendía era don Luis, quien platicaba alegremente conmigo. Como conocía a mis padres, a veces nos fiaba las cosas. Es decir, podíamos adquirir el producto y pagarlo después. Pero recuerdo muy bien que un día llegué a pedirle el favor de que me pesara algo que mi madre había comprado y quería corroborar que tuviera el peso exacto. ¿Qué descubrí?

Don Luis puso sobre la báscula lo que iba a pesar, pero discretamente quitó un pedazo de hierro que tenía en un lugar estratégico de la báscula y que usaba para no dar el peso completo. Esto me desconcertó. Al principio no sabía por qué quitaba el pedazo de hierro. Después me di cuenta de que lo usaba para robar. Él quería pesar correctamente lo que yo le estaba pidiendo en ese momento, pero en la práctica solía hacer trampa. Ciertamente no robaba mucho, quizá solo unos gramos. Nunca fue un hombre acaudalado. Sin embargo, ¿podemos justificar sus acciones?

Si don Luis quería enriquecerse practicando el robo, no estaba en el camino correcto. La Palabra de Dios nos dice que la "bendición de Jehová es la que enriquece, y no añade tristeza con ella" (Proverbios 10:22, RVR1960). No podemos saltarnos este principio y pensar que por robar, aunque sea poquito, seremos bendecidas y tendremos riqueza.

A veces no es un producto en lo que defraudamos. A veces puede ser en pequeñas mentiras o en pequeñas omisiones al hablar. Si nuestro propósito es ser veraces en todo, no tendremos dificultad en siempre decir la verdad y el Señor nos bendecirá, ¿no lo crees?

Padre, ayúdame a ser honesta en todo.

I U

T I

N T

O Q B M M T Í S Í R E

R E V Í T E J E H Y F B Í Y K H

C A E E Q Ñ V B G N O B S O M Í I R

Ú B V C O S A S R Z G N O J C Ó E O

Í Q I O E T Z M J I T Í F E N É N R B D

N Í R R L R I R B D R A S Q S D É R A Ó

V S S Ñ Ó S A T E A A K O Z X T A O R Á

T F P V A Y A C U D N E A É X E A D P Y

X K Ó Q E Q X K I D S C X T C Q É J S J

S I N C E R I D A D P Ü K Q Q U U O S R

U F T H Ü C D G C B A J U S T I C I A S

Í T R O É F A É Z R D Z N J D Ü A I

Ó Ó E A N É P D M E Y B I B A Ñ S I

G R A M O S I A N E Q Ñ I D Q N

S P H P R Í D C Ñ S A O C K

O N E A J R I P E S A S

F F E A Ü

1. Bolsa
2. Pesas
3. Niña
4. Cosas
5. Madre
6. Hierro
7. Trampa
8. Gramos
9. Robar
10. Honesta
11. Verdad (Juan 8:32)
12. Justicia (Salmos 33:5)
13. Rectitud (Proverbios 11:5)
14. Integridad (Proverbios 11:3)
15. Sinceridad (2 Corintios 1:12)
16. Transparencia (2 Corintios 4:2)
17. Equidad (Proverbios 2:9)
18. Veracidad (Proverbios 12:22)
19. Bondad (Gálatas 5:22)
20. Honor (Romanos 12:10)

*no incluye los versículos bíblicos

TE MIRO

Los sensatos mantienen sus ojos en la sabiduría,
pero los ojos del necio vagan por los confines de la tierra.

Proverbios 17:24, NTV

En la comunicación es vital el contacto visual. ¿Te ha pasado que estás conversando con alguien que no te mira a los ojos? Resulta incómodo e insultante; peor aún si sus ojos están en la pantalla de su teléfono revisando sus mensajes. Sutilmente nos está diciendo que lo que otros dicen a muchos kilómetros de distancia es más importante que lo que nosotras, a unos pasos, tenemos para decir.

Durante la pandemia los estudiantes tuvieron que utilizar plataformas como Zoom para tomar clases. Los profesores les rogaban tener sus cámaras encendidas, pues de lo contrario no podían comprobar que estuvieran prestando atención. Y aun cuando tenían sus cámaras, ¡sus ojos deambulaban por todos lados menos hacia el profesor!

Nuestro proverbio de hoy compara la necedad con ese vagar de los ojos distraídos. Nos dice, en pocas palabras, que fijar la atención en la sabiduría es lo correcto. El escritor de Hebreos está de acuerdo, ya que nos recomendó fijar "la mirada en Jesús" (Hebreos 12:2, NTV). Recuerdo también al apóstol Pedro quien, mientras caminaba sobre el mar en dirección a Jesús, desvió la mirada y contempló las olas y el viento, ¡y entonces empezó a hundirse!

Podemos ir por la vida con ojos que miran todo, pero no prestan atención a nada. Podemos ser necias y hundirnos ante los problemas y las dificultades. Por el otro lado, se nos invita a poner los ojos en Jesús, la sabiduría encarnada. Si lo hacemos, no solo mostraremos sensatez, sino que podremos enfrentar las circunstancias más extremas.

Pongo mis ojos en ti, Jesús, tan lleno de gracia y amor.

S
L V M
Z Í N Í
V B M M R U
N U Y I A Ó N
Z H F K L R R G K
L M I R A D A É U Q
T Ü F X J Z V T D K Ó É
Ó D I K C N Ñ Q Z A Í F Q
X M N Ü I O A F Y T P É Z C H
N O L A S N V K V A G A R R I S
C P É E N F O Q U E G T V K Á V Z C
P R J C U I C B E X A M E N A Ü Q I Á
M Ó E O U V U I U A V I G I L A N C I A M
É D S M Í Í Ú M Ó Í D G Ó Y D É N Q E R F A
Z F L E H Ú G C I Q S L Y J H H B F V A Z Q Q R
G V Ñ N Í O B S E R V A C I Ó N H H O F N I P T A
H F Ó R C T H Ú O N A Ü H D Í P I I A Á N A Y T Ó U S
G K P Ú I Ó J N L T Y O R R X H S É Í E E O É Ñ M E I G
P A S O S A Á Y O Y O Z X É P V I T A L D T X Ú C L A S E S
I
R
N
Y G I F Y Ñ S E N S A T O S Y R Ñ M Á F A T E N C I Ó N T S
L Ú X Ó M I R A D A D E M I S E R I C O R D I A N R X B
Ü A Z Y J O J V I H J G V P X G G J C E Á Q L B Z B K H
Q T Z G F G K D É B O Y H S A N T I D A D M Ü K C F
F I U Ñ Ü X Á F D K H G D I P Ú V K F R Á L N S T T
Í V Ü B A Ú F J X P É X Ó B L J M H H T É Ü H U

1. Sensatos
2. Vital
3. Teléfono
4. Pasos
5. Clases
6. Cámaras
7. Vagar
8. Mirada
9. Mar
10. Olas
11. Mirada (Salmos 33:18)
12. Observación (Proverbios 5:21)
13. Vigilancia (1 Pedro 5:8)
14. Atención (Salmos 34:15)
15. Examen (2 Corintios 13:5)
16. Presencia (Salmos 139:7)
17. Conocimiento (Salmos 139:1-2)
18. Mirada de misericordia (Lamentaciones 3:22-23)
19. Enfoque (Hebreos 12:2)
20. Santidad (Levítico 19:2)

*no incluye los versículos bíblicos

GRAN REGALO

Con regalos se abren todas las puertas
y se llega a la presencia de gente importante.

Proverbios 18:16, NVI

Cameron Townsend fundó el Instituto Lingüístico de Verano para llevar la Palabra de Dios a hablantes de lenguas que antes no tenían acceso a ella. A lo largo de sus años de servicio, llegó a conocer a decenas de presidentes y personas de autoridad; su generosidad y disposición a servir abrieron puertas. En sus primeros días en México, el alcalde de un pueblito de Morelos le pidió regalada una Biblia, y pronto encontró que se transformaba su vida; fue el primer creyente de esa localidad.

El "tío Cam" regaló también semillas y enseñó a los habitantes a sembrar hortalizas. Hizo una cartilla para enseñar a leer el náhuatl. Cuando llegó de sorpresa el presidente Lázaro Cárdenas a conocer el trabajo, quedó tan impactado que dijo: "Eso es exactamente lo que México necesita. Invita a venir a todos los traductores que encuentres".

"Con regalos se abren todas las puertas". La generosidad muestra interés y amor, sobre todo ante personas acostumbradas a que solo se les acerquen para pedir algo. "Se llega a la presencia de gente importante". En el primer libro de Crónicas encontramos que, para construir el templo de Dios, el pueblo ofrendó de forma sorprendente. El rey David reconoció en su oración al Señor: "En verdad, tú eres el dueño de todo, y lo que te hemos dado, de ti lo hemos recibido" (1 Crónicas 29:14, NVI). En este caso, la generosidad nació de corazones agradecidos.

No hace falta gastar mucho para dar un obsequio. Una tarjeta, una porción de la Biblia, algún detalle sencillo o confeccionado por uno mismo, el hecho de mostrar amor de esta manera puede ayudarnos a ganar el aprecio de otras personas. Dios mismo puede entrar por esas puertas abiertas.

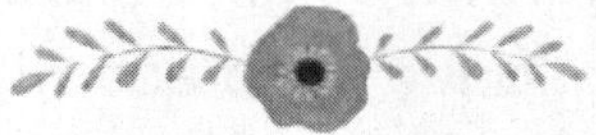

Gracias, Señor, por regalarnos a tu Hijo. Permíteme regalar de tu amor.

F K U E T T É Á

P R V Ü X Á C T Z Á Ú Ú

I Q R E G A L O S G É P D C

J Q N U P S Á A L C A L D E C R

J U U T T T A A C D I E C D J A V Ó

O B K S C E X Z L K U O Í O P S I F

X Y E C V T D R R H V N E O N J T D Ó Q

Y Í N R E P I Q É C G A I Ñ H L I A U V

X Í D G H U Í C Z S Z Ú C I O J L E T T

K O I R V E N Ó I L Y Ó P I Y F L T A O

A M C A E R L J O A G Í Z B Ó C A E R P

Á I I C U T A T Ó X R Z A N Í N B R J F

U U Ó I C A U E I U O T A M O R L N E V

U J N A É S É R E D E N C I Ó N Ó A T L

U V D Ó R S E R V I C I O A G Ó X A

O H O R T A L I Z A S U P Ú V Ú Ñ I

V J C P I E S P E R A N Z A M S

U J Y Ñ R Ú X J É H V Á Ñ D

P É I Y J S E M B R A R

Ü É P B T I Í Ñ

1. Regalos
2. Puertas
3. Servicio
4. Alcalde
5. Sembrar
6. Hortalizas
7. Cartilla
8. Interés
9. Dueño
10. Tarjeta
11. Salvación (Romanos 6:23)
12. Gracia (Efesios 2:8-9)
13. Don (Romanos 12:6)
14. Bendición (Salmo 127:3)
15. Redención (Efesios 1:7)
16. Justicia (Romanos 3:24-25)
17. Paz (Juan 14:27)
18. Vida eterna (Juan 3:16)
19. Amor (1 Juan 4:9-10)
20. Esperanza (Romanos 15:13)

*no incluye los versículos bíblicos

PAZ EN EL HOGAR

El de grande ira llevará la pena;

y si usa de violencias, añadirá nuevos males.

Proverbios 19:19, RVR1960

La Organización Mundial de la Salud ha informado que tres de cada diez adolescentes denuncian que han sufrido violencia en el noviazgo. Puede ser violencia psicológica, física y hasta sexual. Seguramente muchos no denuncian. Cada caso es único, pero una de las explicaciones a estas conductas expone la posibilidad de estar replicando el comportamiento que los jóvenes han visto en la relación de sus propios padres. Reaccionar con violencia a veces es una reacción aprendida, y cuando es reforzada se va convirtiendo en un hábito destructivo.

Dios ha dotado al ser humano con la capacidad de experimentar emociones, y cada una tiene su razón de ser. Pero debemos mantener el control sobre ellas. El problema con el enojo es que si nos dejamos llevar, la ira puede llegar a controlar a la persona, conduciéndola a la violencia.

David nos dice: "¡Ya no sigas enojado! ¡Deja a un lado tu ira! No pierdas los estribos, que eso únicamente causa daño" (Salmos 37:8, NTV). Cuando el Espíritu nos controla, podremos triunfar sobre la ira. El enojo no solamente lastima las relaciones personales, también nos enferma físicamente.

¿Cómo reaccionas ante el enojo? Si tienes hijos, estás modelando, enseñando y siendo ejemplo para ellos. Busquemos con ahínco una atmósfera pacífica y amorosa en nuestros hogares. Waldo Emerson dijo: "Por cada minuto de enojo perdemos sesenta segundos de felicidad".

Señor, que mi hogar sea un lugar de paz y no de conflicto.

G U R U   G R F Z

É E G E S Y   V L E E B E

M Ó S Ó C E C G   Ñ T A A L E H I

Í U L T V O G R Í A   N Í O D C I N O R E

X N O R N N U U I M N A H E O C C D G A H

Q I T I Ñ C R Ü N O E M H O G I I I A Á Í

B D G B H I I R Q R Q A T Í Ó Ó D C R A S

Í A J O J L D Ó C P Á Á F Í N N A I L D X

F D P S Ú I A V U Ó S Ú E T Ó C D Ó G C A

K C J J A D J U S T I C I A F O N L V

Y É N X C R D M I S E R I C O R D I A

P A C I F I C A C I Ó N H S Q T K

H Í D Ó M K U P E R D Ó N I Ü Ó Ñ

U Ú N R É P V C L M I N U T O

M L Ú I R T P Y M H D Z Á

I U N V G B E Y Ó Z É

L G H T I Q N J Á

D A Y É D T A

A R B O I

D Ü D

C

1. Pena
2. Reacción
3. Lado
4. Ira
5. Estribos
6. Ahínco
7. Felicidad
8. Minuto
9. Hogar
10. Lugar
11. Unidad (Efesios 4:3)
12. Amor (1 Corintios 13:4-7)
13. Perdón (Colosenses 3:13)
14. Humildad (Efesios 4:2)
15. Reconciliación (Mateo 5:24)
16. Pacificación (Mateo 5:9)
17. Misericordia (Santiago 3:17
18. Seguridad (Salmo 4:8)
19. Bendición (Salmo 29:11)
20. Justicia (Isaías 32:17)

*no incluye los versículos bíblicos

ORGANIZACIÓN

Los planes bien pensados
y el arduo trabajo llevan a la prosperidad.

Proverbios 21:5, NTV

¿Has ido a una reunión de planificación? Toda empresa busca juntar a los jefes y encargados para organizar y proyectar a futuro. En el hogar también es bueno tener un presupuesto, organizar la semana e, incluso, las vacaciones. El proverbio de hoy nos invita a pensar bien en los planes y trabajar arduamente. De hecho, me parece que los hijos de las madres organizadas piensan que ellas son multicompetentes.

John Piper, conocido predicador, alabó a su madre, una mujer sencilla y trabajadora, que sacó adelante a la familia, a pesar de que su esposo viajaba constantemente para ir a predicar en distintos lugares. Quizá el momento clave fue cuando John, después de morir su madre, entró a la casa paterna para revisar sus papeles. ¿Sabes qué encontró? Una carpeta rotulada: "Pendientes", un lugar donde su madre guardaba tareas inconclusas o incompletas. Cuando John la abrió, ¡descubrió que estaba vacía!

Ruth Piper, la madre de John, no cursó en un seminario ni se consideraba una teóloga. Al parecer, solo leía la Biblia. Y tenía un libro bíblico favorito: Proverbios. De allí emanaba su sabiduría y buenas prácticas. ¿Aprendió allí a no dejar asuntos por hacer? Este año, nosotras estamos recorriendo los proverbios y podemos encontrar muchos consejos sobre cómo ser diligentes. ¡Pongámoslos en práctica!

Si no tienes una carpeta de "pendientes", crea una. Te puede ayudar a organizarte e ir cumpliendo tus metas. Si ya la tienes, revísala con frecuencia y busca el tiempo para llevar a cabo tus objetivos. Qué gran legado será que, el día que muramos, nuestros hijos, nietos o amigos descubran que dejamos la carpeta de pendientes vacía.

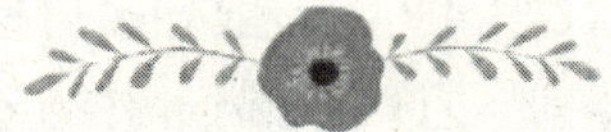

Señor, quiero ser más organizada. Enséñame cómo planificar.

S

Í E E

C H M Ñ M

S G E P X V A

T E Ñ S R C A I N

E Ó R K T E O C L S A

F I R V H R S O Í T Z J L

K Q F E I Á U A P A Q A E I L

X Ñ H Y U C L C D E N Q T R D V K

C H L M I N I S T E R I O S A E A Ñ O

D O R D E N I O H U L A Ú S C R R A Q L D

I H Ú T Á Ó Ú R R E C B Ü L Q A P S F

S M N K N J C A G I Ú U A U Z E O

C M A D R E S A Ó M N V Í G Ú

I M O R I R C N Z I E A O

P P R E D I C A D O R

L É Y B Ó P I A Í

I Z Ú N C Ó D

N Q I H T

A B T

M

1. Reunión
2. Empresa
3. Semana
4. Madres
5. Predicador
6. Clave
7. Morir
8. Tareas
9. Vacía
10. Año
11. Orden (1 Corintios 14:40)
12. Unidad (Efesios 4:3)
13. Estructura (Hechos 6:1-6)
14. Ministerios (Efesios 4:11-12)
15. Liderazgo (1 Timoteo 3:1-7)
16. Disciplina (1 Corintios 5:12-13)
17. Jerarquía (Tito 1:5)
18. Servicio (Marcos 9:35)
19. Delegación (Éxodo 18:21-23)
20. Cooperación (Filipenses 1:27)

*no incluye los versículos bíblicos

OBEDICENCIA

El perezoso afirma: "¡Hay un león allí afuera!
¡Si salgo, me puede matar!".

Proverbios 22:13, NTV

La mayoría no enfrentamos leones en nuestra vida diaria, pero existe todo tipo de riesgos, desde accidentes automovilísticos y aéreos hasta robos y secuestros. Afortunadamente, la mayoría no consideramos estos como pretextos para no salir de casa.

Probablemente todos conocemos a alguna persona que tiene pavor a la idea de volar en avión, sobre todo por un posible accidente. En realidad, las estadísticas muestran que es más peligroso viajar a pie o en carro. El número de muertos por cada mil millones de kilómetros a pie son más de 50, en coche 3.1 y en transporte aéreo solo .05. Los "leones" de hoy no son tan peligrosos como pensamos.

Este proverbio nos hace reír al imaginar a alguien tan perezoso que, para no ir a trabajar, inventa que un león lo podría matar. Sin embargo, muchos se arman de pretextos para no cumplir con sus responsabilidades. Jesús usó la parábola de un padre que pidió a sus dos hijos que fueran a trabajar en su viña. Uno se negó a ir, pero recapacitó y fue. El otro dijo que iría pero nunca fue. El mensaje es que arrepentirse de un error es mejor que no cumplir (Mateo 21:28-32).

¿Hemos encontrado pretextos para no obedecer a Dios? Aun el "después lo hago" a menudo se convierte en nunca. Procuremos ser fieles en la obra de la viña del Señor.

Padre, quiero obedecerte y servirte hoy, sin pretextos.

Q L K Z C A X T D I C A R R O X M X A Z
N R E J E A Á É M Ú Y K P N D M Ó P S X
X Q E A T I S V O L U N T A D A P L R M
V Y Í S L G B A J I B S S O É N A E Ü N
A S D C P T E Y D U N F U É D D V Ó O G
E V H X C O A X F M E E M I F A O N A É
M T I K N E N D É N Y Ü I Ñ C M R V Ñ Ñ
N H N Ó Ú É B S Á A B F S A B I U J Y I
G F Á Ó N Á G B A Í Ó N I R Z E U I É Y
H R C Z X J Ü P É B I F Ó I H N V Q M N
M M A Y O R Í A H C I F N Í O T V A D U
Í E Y R E Í R J Á P J L U B H O B G Q N
F M D I S C I P L I N A I A E S G F Ú C
I A D S B T Q Á I P Y G U D Ñ M Á Á B A
Y B T Ñ X Í A E Y Z H P E Y A H N L S G
Ú T Á Í Ó Y V B U J Á P C T S D Í R F Q
M Ü Z P I E F Z E E N V N Q E X L R F Y
J B Á F Z C G V I Ñ A E C Z A A M O R Q
S N Z O P V Ü B J U S T I C I A Ó G Q A
J S Ú R M Ú E N B E N D I C I Ó N X G É

1. León
2. Mayoría
3. Casa
4. Pavor
5. Avión
6. Pie
7. Carro
8. Reír
9. Viña
10. Nunca
11. Sumisión (Efesios 5:21)
12. Disciplina (Hebreos 12:11)
13. Fe (Santiago 2:17)
14. Mandamientos (Juan 14:15)
15. Lealtad (1 Samuel 15:22)
16. Voluntad (Romanos 12:2)
17. Amor (Juan 14:23)
18. Justicia (Mateo 5:6)
19. Bendición (Deuteronomio 28:1-2)
20. Responsabilidad (Lucas 16:10)

*no incluye los versículos bíblicos

VERAZ

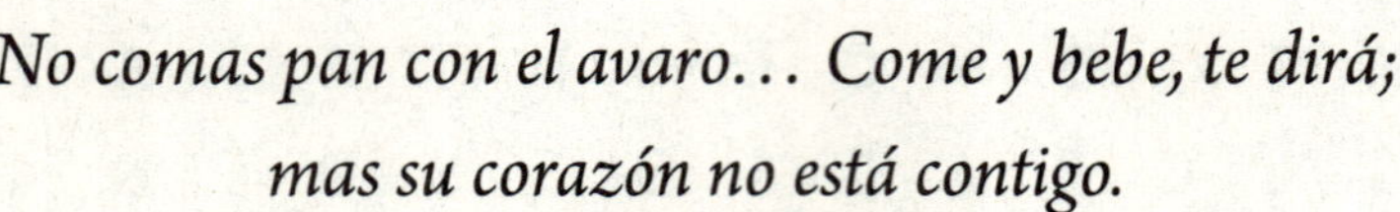

No comas pan con el avaro... Come y bebe, te dirá;
mas su corazón no está contigo.

Proverbios 23:6-7, RVR1960

La palabra hipócrita viene del griego *hypokrisis,* que significa "actuar" o "fingir". Se puede entender como una máscara, así que la persona, en otras palabras, no es sincera ni genuina. El proverbio de hoy nos pone el ejemplo de una persona avara, que "de labios para afuera" te invita de su comida, pero dentro de su corazón en realidad no lo desea. El consejo bíblico es no comer con esa persona o apartarse de ella.

Dalila, en la Biblia, pretendió amar a Sansón, pero lo traicionó a cambio de dinero. En tres ocasiones le pidió que le revelara el secreto de su fuerza, pero Sansón le mintió. En cada una de ellas, Dalila lo traicionó. Finalmente logró que el fuerte hombre le confiara el secreto. Él le dijo que si le cortaban su larga cabellera, sería como cualquiera de los hombres. Ella hizo que Sansón se recostara sobre su regazo y cuando se quedó dormido vino un hombre y lo rapó. Efectivamente perdió su fuerza y los filisteos le sacaron los ojos y lo llevaron cautivo. ¡Qué triste historia! Fue un hombre demasiado confiado. Desde la primera vez que ella no fue honesta con él, debió alejarse.

Romanos dice: "el amor sea sin fingimiento" (Romanos 12:9, RVR1960). Debemos amar sin una máscara; no de labios hacia afuera. El mejor ejemplo de autenticidad es Jesucristo. Se interesó genuinamente por las personas y aún lo hace.

¿Somos dadoras genuinamente alegres? Tarde o temprano manifestamos con nuestros actos lo que hay en nuestro corazón.

Señor, quiero decir siempre la verdad,
no solo con mis palabras sino también con mis acciones.

Ñ N A L L Y F Q M P E J D G
J U S T I C I A Q P Z R J Z G T
Z Ó Z P E T H D U C M O E M U F R C
D Í I D T B A M E P Ú L T C N I F G O A
I C Z N U Ó F Z L G B Ó R T X K U Ü A M
N I Q Y T K T C I É Á D A I Z Z E Ó F B
E Q B M H E R Á D A Y Í N T É Á R Ñ Q I
R Ú D C Á L G G A M Ü Í Z S U C A Z S Q O
O Ñ Ü P A S Ñ R D O H H Q P D C O A Q I T
Z R G Z B C K I R A O L A J Ü J S F G
E A Ó D V N N R Ó
T L P Q Ú Ú L R C A O S E É B Í U Í E
M Á T A R D E T L A R D I N S Í U R I D F
A Í Ó N H M E C Á E O G N C R T Í V Ü D U
Q M R R E G A Z O L R V C I Ó O I O J R L
Ú V E R A C I D A D A E A G H Ó D P J T
K O J T A C P Í X L E R R Z L Q Ü A M U
E G E N U I N A M S H I Ú D L A J D D G
K Z M Y P Ú O G T U D M E A N Í Ü Ñ
K L E A L T A D U A S Í P D R R
Ó Ü X É U B Z D U Ó J Z O A

1. Avaro
2. Máscara
3. Genuina
4. Cambio
5. Dinero
6. Cabellera
7. Regazo
8. Fuerza
9. Amor
10. Tarde
11. Verdad (Juan 8:32)
12. Sinceridad (2 Corintios 1:12)
13. Honestidad (Proverbios 12:22)
14. Rectitud (Salmo 15:2)
15. Justicia (Miqueas 6:8)
16. Integridad (Proverbios 10:9)
17. Fidelidad (Apocalipsis 19:11)
18. Lealtad (Proverbios 3:3)
19. Transparencia (Efesios 4:25)
20. Veracidad (Proverbios 8:7)

*no incluye los versículos bíblicos

AMOR AL PRÓJIMO

El que ayuda al pobre no conocerá la pobreza;
el que le niega su ayuda será maldecido.

Proverbios 28:27, NVI

¿Qué cantidad de dinero debe tener el rico para dejar de ser pobre? O, ¿cuándo se considera que una persona es pobre? Una fórmula dice que si una persona gana entre el 40% o 50% del ingreso medio de la población, entonces es pobre. ¿Somos pobres?

Dios sabía que en este mundo habría pobres por el pecado que anida en el corazón de todos nosotros. Por eso, en la Ley de Moisés, Dios da mandamientos especiales en beneficio de los pobres. Por ejemplo, sus sacrificios debían ser conforme a lo que tenían; en un juicio no se les debía perjudicar por su situación económica; los que cosechaban debían dejar producto para los pobres.

Booz, un hombre adinerado, siguió la ley de Dios de modo que sus cosechadores dejaban lo que caía al amarrar las gavillas para hombres y mujeres que no tenían heredad. Entre esas personas estaba Rut, la que llegaría a ser su esposa. Cuando Rut contó a su suegra Noemí sobre la bondad de este hombre, ella exclamó: "¡Que el Señor lo bendiga!" (Rut 2:20, NTV). ¡Y eso sucedió!

¿Cómo puedes cumplir hoy con las leyes de Dios y ayudar a otros? La ley se resume en una sencilla frase: "Ama a tu prójimo como a ti mismo". Piensa cómo puedes aplicar hoy este mandato en tu hogar o tu lugar de trabajo. Quizá puedas animar al que está triste, dar una moneda al que mendiga, compartir los alimentos con una familia de escasos recursos. Tu bondad será recompensada.

Ayúdame a tender mi mano al pobre,
aun si yo misma me considero pobre.

A U R Ó Á U P Ü Í B

B I Ü I D J I P Ú H Ó Z K Í

S Í A M É M O N O S G D H Ó Á S L Y

S F U K F Ú Y Y M H Á H C O F Ñ P B O N

U Ó G J N Ó Ñ L Í T L É S Í G S K C O Q Y Í

T Y U L L Y Q F P F E Í Z Í F B C Í

H Ó S Ú P E H Ú H T T M É Ú D Ü Ú B N

P I C T E S Y Ñ D Z J E H M Í J X Z Z Z

Ú S M Z U E B D Ú J Ú E J E E D Ü F G J M A

G B Z I H Í Z E H R U D A R N Ñ V Y Q F A V

P Ú H X Ñ Ü Ú S S X E A Ó N E T B V D É Z N Á V

U Ó Y C Í Í G N C Ú F S A T D I V Í U T V D P Ñ

X H Y Ú M Ó N Ü A Á C Ó P E A R E N Á F T A P T

F K T E O T E M S Z Ú K Ú B É R O D X D U O K C V M H M L Q

Ü Q X Y N Ñ N R O N A Z J I R E M S M X O S Á U X Ú U I E Y

R K Q E E T M E S A Q Q O Q O Ü I U A Ú V O Z L E S I E Í Y

G A G A D Z B E N I G N O S Q Ó Í Ñ L E G S F O M S L N U D

U M F S A L Q M X P R O D U C T O E Ñ A K E É L U H N T K G

G A É F U R Ú T X R I F M I H U Á F R A S E Z C Y O H Z

Í R R F C Q T Í Ó D I N E É S B Ü P L Ñ Y U Ó P Ñ Q

Á M C J N H X T G A V I L L A S S G B M N Á M

S X S R G Á P T G Í

B X J T E Ó S L B H

F O É A Í V R K Ü I V U

U N S J M Y Z D O Ñ Ú K O A Ñ H Á Í K F Á R R F

A D B Ü B E N E F I C I O P R Ó J I M O Á Z

X A G K T M S K L H I O Ú R H Ñ Ñ Í U K

S D V T C N E N B C Ñ R N D U D É U

Ó É N Ñ E G L T Ó P J P I G

C N Ü Y N X Y Í I Ñ

1. Fórmula
2. Beneficio
3. Producto
4. Gavillas
5. Heredad
6. Esposa
7. Frase
8. Moneda
9. Bondad
10. Escasos
11. Amarás (Levítico 19:18)
12. Semejante (Mateo 22:39)
13. Mandamiento (Juan 13:34)
14. Prójimo (Romanos 13:10)
15. Ley (Gálatas 5:14)
16. Amémonos (1 Juan 4:7)
17. Mentiroso (1 Juan 4:20)
18. Benignos (Efesios 4:32)
19. Vínculo (Colosenses 3:14)
20. Cumplir (Santiago 2:8)

*no incluye los versículos bíblicos

MARAVILLA DE AMOR

Hay tres cosas que me asombran...
cómo planea el águila por el cielo...
y cómo ama el hombre a la mujer.

Proverbios 30:18-19, NTV

¿Has visto a las águilas planear sin mover sus alas? Lo hacen, además, dibujando círculos en el aire sobre el mismo lugar. Solemos pensar que es porque han encontrado una presa en la tierra y piensan atacar, pero realmente es porque han encontrado una pequeña corriente de aire vertical que les permite permanecer en la misma altura y moverse sin gastar energía. ¿No es increíble?

Todavía más maravilloso es el amor entre hombre y mujer. Admiro al que llegó a ser mi esposo. Fue persistente a pesar de mi falta de interés. Su mejor amigo le dijo que yo no le iba a corresponder. Viajó casi hasta la punta de la sierra para buscarme en un pueblito cuando supo que yo estaba pasando por una crisis. Mostró amistad aun cuando le aclaré que no llegaría a más que eso. Siete años después de que me pidió la mano por primera vez, ¡al fin nos casamos!

La tenacidad del hombre enamorado puede vencer tremendas barreras para lograr su fin. De manera semejante, la persistencia de Dios para mostrarnos su amor no tiene límites. Hizo lo que parecía imposible, dar su vida por revelar el alcance de ese amor *ágape*. "En esto consiste el amor verdadero: no en que nosotros hayamos amado a Dios, sino en que él nos amó a nosotros" (1 Juan 4:10, NTV). Y nunca dejará de alcanzarnos: "Tu bondad y tu amor inagotable me seguirán todos los días de mi vida" (Salmo 23:6, NTV).

¿Has respondido a ese asombroso amor que dio todo por ti? Si es así, te animo a corresponder de la mejor manera: amar a los que Dios pone en tu camino y también invitarlos a acompañarte a ser parte de la mayor historia de amor de todos los tiempos.

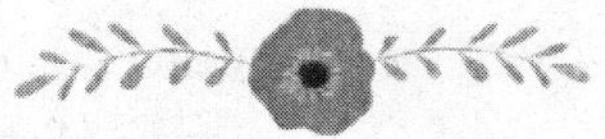

¡Cuán maravilloso es tu amor por mí, Señor!

P
J
E Ü P
R L A
P H Z
C I E L O
C O P Á B
G R M Ú G
X R I Ñ P Y Y
O Y H S X A Ñ
S Á H Y O J S
K C V T X S Ñ F M R Á A K M I S E R I C O R D I A F M J X
F P E V G R E D E N C I Ó N R S V Ñ Ó F S E S G S Ú Ó
D N V R N B O T R T R S I J P Í S N H Á P J U
A C K A Z N X I P E I Q C I P C R I S I S
R E U C V Ó F E V E Z I N F I N I T O
R Í I Í I R E R P U N T A F É
X A A C D L R I X Ú X O X
Ú B I Ó A A E M H B E
I Ñ O N R C U Ú S Z S
Á G U I L A S B R I P
T O M H F V G C Q M V E H
Ü B F I D E L I D A D R L
N M I T D V Ñ Ú Y N A D
Z V A Á Ú E Ñ O Á N C Z
N A N Ó O R Ó Z V P
K U O A D A
V X I R H V
Ó S E L
H X

1. Águila
2. Cielo
3. Punta
4. Sierra
5. Crisis
6. Mano
7. Vencer
8. Revelar
9. Mayor
10. Dar
11. Gracia (Efesios 2:8)
12. Misericordia (Efesios 2:4-5)
13. Redención (Efesios 1:7)
14. Sacrificio (Juan 15:13)
15. Infinito (Jeremías 31:3)
16. Paz (Juan 14:27)
17. Fidelidad (Salmo 36:5)
18. Esperanza (Romanos 15:13)
19. Perdón (1 Juan 1:9)
20. Compasión (Salmo 103:13)

*no incluye los versículos bíblicos

NO CONSENTIDOR

Hijo mío, si los pecadores te quisieren engañar,
no consientas.

Proverbios 1:10, RVR1960

En el juego de *Monopoly Deal* hay una carta que todos quieren pues dice "Solo di no". Si alguien quiere quitarte una propiedad o un juego de propiedades, si te quieren cobrar renta o una deuda, muestras esa carta y ¡listo! Nadie puede tocarte. En la vida, todos debemos tener y usar una carta así.

Nuestro proverbio nos insta a decir "no" cuando nos inviten a hacer algo que no esté bien. Una campaña publicitaria contra las drogas repetía lo mismo: "Di no". ¿Es fácil? ¡No lo es! "No" es una de las palabras más difíciles de pronunciar cuando queremos quedar bien o sentirnos aceptadas. Sin embargo, la salud emocional depende de que aprendamos a negarnos siempre que se trate de algo dañino.

Para ayudarnos en este proceso, recordemos: si decimos no a algo, le estamos diciendo sí a otra cosa. Por ejemplo, decir no a las drogas implica decir sí a la salud y a la vida. Decir no a mentir es decir sí a la verdad. José le dijo no a la propuesta indecorosa de la esposa de su patrón, pues para él era más importante decir sí a una vida moral delante de Dios.

Cuando te veas tentada a ceder a la presión de grupo o a caer en prácticas que no sean sanas, "solo di no". Quizá las otras personas no te comprendan o, incluso, te hagan sentir mal, pero dile sí a Dios y a sus preceptos, ¡y serás sabia!

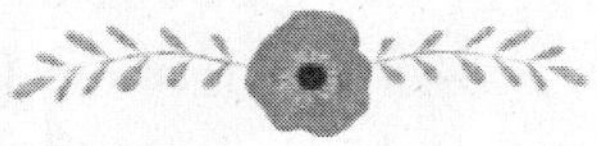

Señor, ayúdame a no consentir cuando otros quieran que haga lo malo.

F C

H R

V N

Á H V R O K Q J G R Z

L B Q E O Á N S R V I G I L A R

U N F Ü Y A C H Á P E E N G A Ñ A R

R M A L P R E S I Ó N P A S F V E Ñ

A É A P A R T A R S E C A R T A A Ü Ü I

C B F K Q F Ñ H J Í J F Q Y E Í L Ú E V

Y C I Ñ R E S I S T I R A T U N X U T V

P F D S A N A S N E G A R S E F D K D A

M R P V M É R E F R E N A R X Í X E F O

Á O E D I S C R I M I N A C I Ó N Z R I

I C R C Z Ó U X Í B R E C H A Z A R E S

Ú T A E É B D E S O B E D E C E R O

Z E J L P Á S I E B J P P A T R Ó N

P L Í P T E V I T A R U F I Ü Á

Á C F O O A E Í Ñ R Q D P K

Z Ü T S S L D R O G A S

G J Y D B

1. Engañar
2. Carta
3. Drogas
4. Salud
5. Moral
6. Patrón
7. Presión
8. Sanas
9. Mal
10. Preceptos
11. Desobedecer (1 Samuel 15:23)
12. Rechazar (Proverbios 4:14-15)
13. Apartarse (2 Corintios 6:17)
14. Negarse (Mateo 16:24)
15. Resistir (Santiago 4:7)
16. Evitar (1 Tesalonicenses 5:22)
17. Refrenar (Proverbios 29:11)
18. Reprender (Efesios 5:11)
19. Discriminación (Filipenses 4:8)
20. Vigilar (1 Pedro 5:8)

*no incluye los versículos bíblicos

EQUILIBRIO

Se complace en la prosperidad de sus negocios,
y no se apaga su lámpara en la noche.

Proverbios 31:18, NVI

Los expertos en el sueño dicen que el adulto en promedio debe dormir entre 7 y 9 horas para que su cuerpo rinda lo necesario. Sin embargo, diferentes factores afectan la vida moderna para reducir esa cantidad ideal. El estrés, el exceso de cafeína y la luz de las pantallas y dispositivos electrónicos a menudo interfieren con el ritmo circadiano (el ciclo de vigilia y sueño).

No soy la única persona que abusa de su cuerpo y no siempre duerme el tiempo recomendado. He batallado con el insomnio, sobre todo en ciertas épocas de mi vida, como en la menopausia. Por mi trabajo y otras razones, tiendo a pasar mucho tiempo en la computadora. Cuando supe que la luz de las pantallas puede afectar al reloj del cerebro, empecé a evitar en lo posible el uso de la laptop y el celular en la hora antes de dormir.

La lámpara de la mujer virtuosa no se apagaba en la noche. La mujer virtuosa también madrugaba, aunque sospecho que procuraba descansar lo necesario. La admiramos por ser trabajadora y por su dedicación a su familia. En el versículo 25 vemos que no parecía estar estresada sino confiada ante el futuro. Parece que en su vida había equilibrio.

¿Estamos guardando equilibrio en nuestras vidas, sobre todo entre el trabajo y el hogar? ¿Sabemos cuidar de nuestros cuerpos lo suficiente? Procuremos tomar buenas decisiones para no sufrir física ni emocionalmente por el mal uso del tiempo.

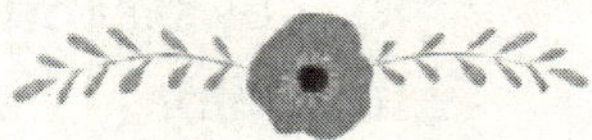

Señor mío, ayúdame a encontrar balance en mi vida para darte lo mejor.

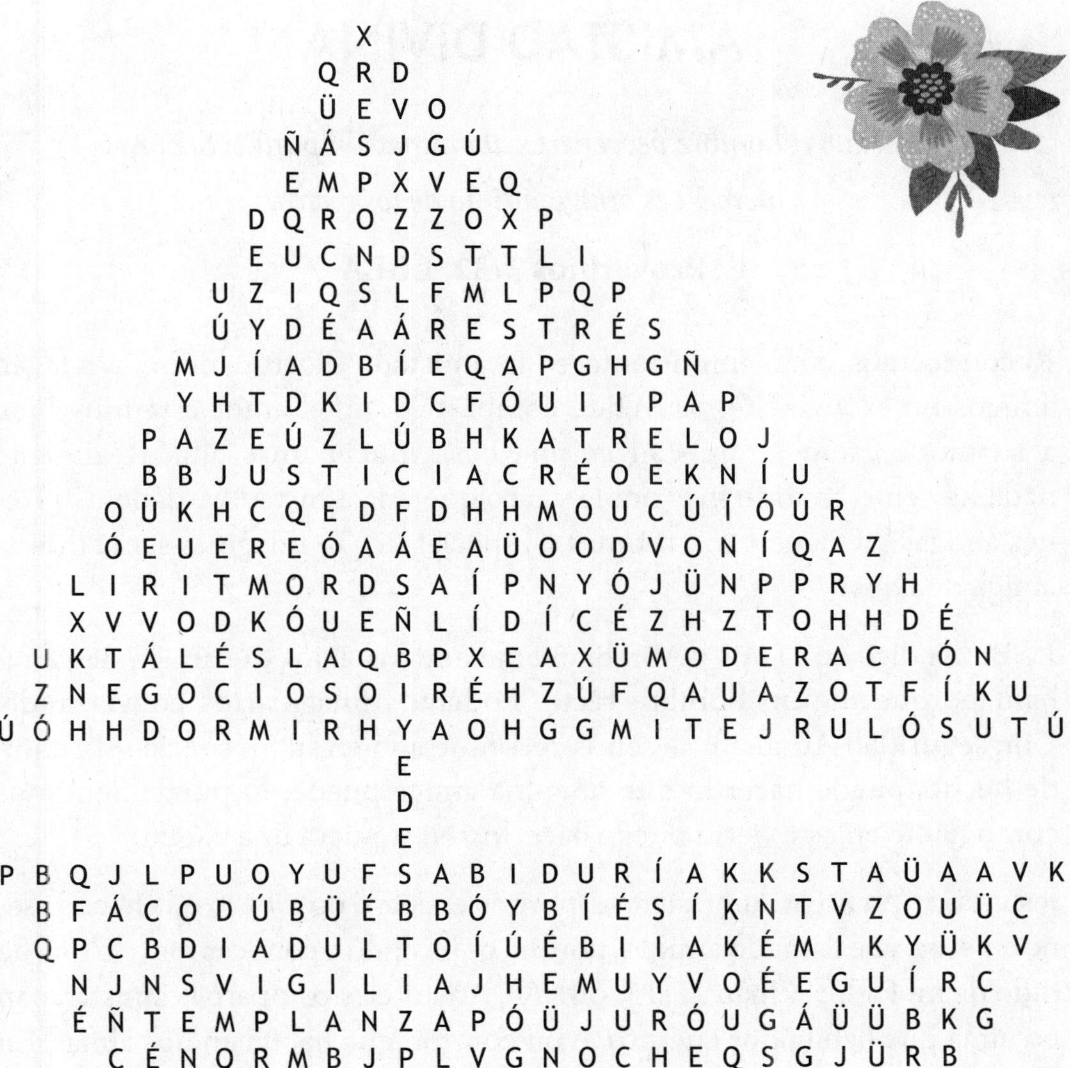

1. Negocios
2. Noche
3. Adulto
4. Dormir
5. Ideal
6. Estrés
7. Ritmo
8. Vigilia
9. Reloj
10. Cerebro
11. Moderación (Filipenses 4:5)
12. Justicia (Proverbios 11:1)
13. Sabiduría (Proverbios 2:6)
14. Paz (Romanos 12:18)
15. Armonía (Salmo 133:1)
16. Autocontrol (Gálatas 5:23)
17. Equidad (Isaías 59:14)
18. Templanza (2 Pedro 1:6)
19. Responsabilidad (Lucas 16:10)
20. Fe (Hebreos 11:1)

*no incluye los versículos bíblicos

AMISTAD DIVINA

Porque el hombre perverso es abominación para el Señor;
pero Él es amigo íntimo de los rectos.

Proverbios 3:32, LBLA

Reconocemos cuán importante es la amistad. Cicerón dijo: "Vivir sin amigos no es vivir". Oscar Wilde compartió: "Sí, el amor está muy bien a su modo, pero la amistad es una cosa mucho más alta. Realmente nada hay en el mundo más noble y raro que una amistad verdadera". ¿Tienes amigas? ¿Cuántas son íntimas o especiales? ¿Te imaginas ser la íntima amiga de Dios?

La Biblia dice que Dios y Abraham eran amigos. Dios fue amigo de Abraham porque fue un hombre recto. Podemos imaginarlos conversando. Con seguridad Abraham se sentía reconfortado en su presencia. El Señor, de hecho, puede hacer lo que ninguna amiga puede. Él puede llenarnos como nadie en esta tierra puede hacerlo. ¡Ni siquiera una pareja!

Jesús dijo: "Ya no os llamo siervos, porque el siervo no sabe lo que hace su señor; pero os he llamado amigos, porque os he dado a conocer todo lo que he oído de mi Padre" (Juan 15:15, LBLA). Aristóteles comparó la amistad con un alma que habita dos cuerpos, o un corazón que habita en dos almas. En otras palabras, la afinidad es lo que conecta a los amigos, y Jesús quiere que tu corazón y el mío estén conectados con el suyo. ¡De eso trata la amistad!

A veces buscamos en nuestro esposo o en una amiga lo que solamente Jesús nos puede dar. Jesús te escucha y se interesa por ti. Él mira tu corazón y no tu apariencia. Te amó incondicionalmente y de tal manera que sufrió la cruz por ti. Te conoce por nombre. Si no disfrutamos del gozo de su amistad, ninguna persona nos hará feliz. No te sientas sola como si no conocieras a nadie. ¡Él es tu amigo y está contigo siempre!

Gracias, Dios, por tu amistad.

U Ñ A Ó Q A D Z

Ú Á J Y Y Y L Q O M I Y

N R I S D P A P E L Á Y F C

L É Y D Ó A L M A S S R Ó K O N

F Q Q L R E C T O S Í Ñ N G S M R D

C Ú Z Y A M O R H O K L Ú R S P Ú É

A M I G O Á Ü P Ú D B B O Ü A A Ñ G G

A M I S T A D É Ó L E M S H C B Ñ A Ú D

N Z A E P A Z K U O D G N O I I E F F C

D X X K H F I D E L I D A D A D R I E D

C F Ñ C Ñ R R A R O E Q Ó R N U I N L L

E X Á C O Y E Y B P N B N P I R S I I T

O T Ñ E Y N É D J B C L J F N Í M D Z Á

V Ú D T Ü U F L E V I L R Ü H A O A Á N

R R D O X V I T N A X Ú Ü F L Q D Ñ

J N O M B R E A S C X F K B T Á V T

G Ú U U J Í A N D I S N J O L Z

N A D I E R R Z K Ó C R U Z

Q X Z Ú Ú É Z A Á N L G

S V Y É Q D Z Ú

1. Amigo
2. Rectos
3. Papel
4. Raro
5. Almas
6. Afinidad
7. Feliz
8. Cruz
9. Nombre
10. Nadie
11. Amor (Juan 15:13)
12. Fidelidad (2 Timoteo 2:13)
13. Confianza (Salmo 25:14)
14. Compañerismo (1 Juan 1:3)
15. Obediencia (Juan 15:14)
16. Paz (Filipenses 4:7)
17. Gracia (Santiago 4:6)
18. Amistad (Proverbios 18:24)
19. Sabiduría (Proverbios 3:32)
20. Redención (Juan 15:15)

*no incluye los versículos bíblicos

RESCATE

... como un ave que vuela directo a la red.

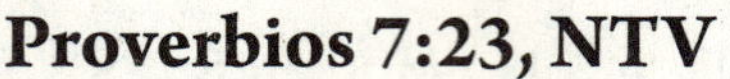

Proverbios 7:23, NTV

Las películas de superhéroes son más populares hoy que nunca, quizá por el uso de efectos especiales. Sin embargo, creo que llenan el vacío que todos tenemos de sentirnos protegidos por fuerzas superiores. En el pasado, los griegos hicieron lo mismo con su mitología y sus dioses y semidioses que controlaban el mundo. Ahora tenemos a equipos de superhéroes que nos libran cuando vamos directo a la red del peligro.

En la película de la *Liga de la Justicia* todo lucía desesperanzador, sobre todo porque Superman había muerto. Sus amigos, en un esfuerzo conjunto y usando un poder sobrehumano, lo resucitaron. Entonces Superman movió la balanza hacia los defensores de la tierra y ¡nuevamente rescataron al planeta de la destrucción! Tristemente, los superhéroes no resuelven por el problema real de todos: el pecado. Ellos mismos no logran ser "perfectos" o hallar paz y amor. Muchos de ellos están motivados por la venganza y la ira. ¿Entonces quién nos librará del enemigo que nos hunde en la miseria?

El apóstol Pablo, quien vivió en constantes peligros y amenazas, escribió: "De hecho, esperábamos morir; pero, como resultado, dejamos de confiar en nosotros mismos y aprendimos a confiar solo en Dios, quien resucita a los muertos. Efectivamente él nos rescató del peligro mortal y volverá a hacerlo de nuevo. Hemos depositado nuestra confianza en Dios, y él seguirá rescatándonos" (2 Corintios 1:9-10, NTV).

Jesús es el héroe que necesitamos. No solo nos rescata, sino que ¡tiene el poder de darnos vida eterna! Como Pablo, dejemos de confiar en nosotras mismas (y en superhéroes ficticios), y confiemos solo en Dios.

Señor, gracias porque me has rescatado y sigues rescatándome del pecado y de los peligros de este mundo.

B M É D Ñ L Ó O

P I Ü I M K E X I G M U

B X A N V T L Y X R F B R I É O

M O U I S T S O H Q Z O B É E Á S F K N

O V J J Á A E A L X Ú R M Ü E R N E Ü Í U

M Á H E Y G D R N O Z M Í Ü Ó T V R L R G

P U H É R O E O V G G S A L V A C I Ó N T

R E D E N C I Ó N E R Í M U L D R C R Q N

L I B E R A C I Ó N N E A V Ñ Z Y O V A Y

X Ñ A Z V J U S T I C I A A H Y R P V

K X X J P R O T E C C I Ó N S C D G E

T J R L Q K C A A J É Ó I K S I Q

Ú Ú A V E N G A N Z A G N X C A T

Ñ R R E S U L T A D O F Z R Ñ

P P Á L Y B G R A C I A L

L E C R E D P R F X G

A R A P Ó S T O L

N D A X Y F O

E Ó U F K

T N N

A

1. Ave
2. Red
3. Pasado
4. Planeta
5. Venganza
6. Miseria
7. Apóstol
8. Resultado
9. Héroe
10. Mitología
11. Redención (Efesios 1:7)
12. Salvación (Romanos 10:9)
13. Liberación (Salmo 34:19)
14. Perdón (Efesios 1:7)
15. Gracia (Tito 2:11)
16. Intervención (Salmo 72:12)
17. Sangre (1 Pedro 1:18-19)
18. Libertad (Juan 8:36)
19. Justicia (Isaías 61:8)
20. Protección (Salmo 91:3)

*no incluye los versículos bíblicos

MATERIALISMO

Llama a los hombres que pasan por ahí,
ocupados en sus propios asuntos.

Proverbios 9:15, NTV

Los más grandes consumidores del materialismo son menos felices que los demás. A esta conclusión llegó Marsha Richins, profesora de la universidad de Missouri, y quizá estaba haciendo eco al proverbio que dice: "la prosperidad de los necios los echará a perder" (Proverbios 1:32, RVR1960).

Todas tenemos un cuarto de tiliches, o un sótano, ático o garaje donde apilamos cosas útiles y no tan útiles. Sin embargo, cuando alguien muere y los demás debemos revisar sus pertenencias, nos llevamos grandes sorpresas. Recuerdo haber leído sobre una mujer que tenía en su garaje cajas sin abrir con muchos productos que había ordenado en línea y jamás disfrutó. Había acumulado cosas, pero no había sido más feliz por ello.

En el proverbio de hoy, la necedad se coloca en un lugar prominente e invita a las personas que van por los caminos rectos a seguirla. Y no hay trampa más sutil que el materialismo que nos dice "solo un poco más". Una blusa más, unos zapatos más, una cacerola más, un par de aretes más. Tristemente, la prosperidad nos echa a perder. El dinero se puede volver un ídolo, es decir, algo que quita de su lugar a Dios. Jesús dijo: "La vida de una persona no depende de la abundancia de sus bienes" (Lucas 12:15, NVI).

Si vamos por la senda derecha del contentamiento, no nos apartemos de ella. Si hemos empezado a amar el dinero, dejemos de acumular. En un examen frío, si abrimos nuestro armario, encontraremos ropa que no hemos usado, o cosas que compramos y siguen ahí. Que la prosperidad no nos eche a perder. Nuestra vida es mucho más valiosa que las cosas que tenemos. O que no tenemos.

Señor, líbrame del materialismo.

B

V S D

U F Ó M E

A B A T F A S

S V Á L A Y A M P

V J A A S N N C Z O O

Í B R R S A O S V E V N J

Ó B I I I U S C A F Á N I F O

Y U L E Q C N E I D O L A T R Í A

O T L U N U I T G R Ü F V A N I D A D

X A T C S E E A O U A X E T N U O Á T É S

X R E A S Z L S R S I L H S U T I L V

Ú E S X A D C I L E I Í D O L O S

O T O S Á O D Q C C P Ó M Ü K

P E R D D A U A E T B H T

G S O I D D J S É C F

A V C C L A X L K

R I Ó R S K I

A Ñ Ñ Ó J

J R Ú

E

1. Asuntos
2. Felices
3. Sótano
4. Garaje
5. Cajas
6. Sutil
7. Blusa
8. Aretes
9. Ídolos
10. Bienes
11. Avaricia (Colosenses 3:5)
12. Codicia (Lucas 12:15)
13. Riquezas (Mateo 6:19-21)
14. Mamón (Mateo 6:24)
15. Vanidad (Eclesiastés 1:2)
16. Despojo (1 Timoteo 6:10)
17. Idolatría (Colosenses 3:5)
18. Falsa seguridad (Proverbios 11:28)
19. Tesoro (Mateo 6:19-21)
20. Afán (Mateo 6:25-34)

*no incluye los versículos bíblicos

CHISMES Y RUMORES

Los rumores son deliciosos bocaditos
que penetran en lo profundo del corazón.

Proverbios 18:8, NTV

Se conoce como bocadito a un pastel o torta diminuto, que por lo general se rellena de nata o crema con sabores diversos. También se usa para señalar alguna porción pequeña de alimento que se puede atravesar con un palillo. En algunos lugares, los bocaditos o bocadillos son un arte, tanto así que no puedes ir a Madrid y no probar un bocadito de calamares en algún lugar de la Plaza Mayor. Sin embargo, en este proverbio los bocaditos ilustran algo diferente.

¿Te has reunido con un grupo de amigas para tomar un café? Si estamos tomando un café, ordenaremos una bebida caliente y algunos bocadillos o aperitivos. Pero, como dice nuestro proverbio, quizá los "bocaditos" más deliciosos sean los rumores que escucharemos de labios de nuestras amigas sobre otras personas. ¿Y cuál es el problema de escuchar estos rumores que al principio resultan exquisitos?

El problema es que estos rumores penetrarán hasta lo profundo del corazón, y una vez ahí, crearán problemas. Los chismes distorsionan la imagen que tenemos de los demás. Como no sabemos si son verdad, pintan un cuadro que quizá no sea verdadero ni confiable. Además, alimentan nuestro orgullo cuando nos sentimos, por un momento, superiores a aquel de quien se está hablando.

¿Qué hacer si estás en una reunión donde se empiezan a servir estos "bocaditos"? Lo mejor es desviar la conversación y no escuchar. Hace mucho aprendí que, antes de hablar sobre alguien más que no está presente, debo preguntarme: ¿es verdad? ¿Es útil? ¿Es inspirador? ¿Es necesario? ¿Es amable? Si respondo "no" a cualquiera de estas preguntas, lo mejor será no servirlo en la mesa.

Padre, dame la fuerza para evitar los chismes y los rumores.

Q X A V J G R U M O R E S Z M F F O T F
P Z D D I S C O R D I A B G I M A G E N
K X L E I V F P D C Ó H Q H R X Ú D J É
Ó C C F S Q P U L Y Ñ Q J Ó G P Ü Ú X Ú
C Ñ O T B V Y Ú K B É S V Ü D A C B D Á
F Ü N K D D I V Ü A V Q E Ü F S Ñ U E T
B Ü F N Z I B A Z V M X J R Ü T H Ñ M D
O Ó U Ñ Z Ñ V D R Z B A K P T E A L E C
C D S Q L O E I S F Í V B Ü T L B K N M
A É I Y O Í X P S I Á H Ó L Ñ X L Ú T U
D Ó Ó F F Y Ñ T K I Q H Á T E Á A N I H
I R N G E C Ñ M Í G Ó F Ü N Ó R D A R B
T Y Ó T H N U E P I J N A M G O U T A H
O Y Ú T G M V A É P K S I L N Ü R A Ü C
S É Á N R Í V I D N K M B Ú S O Í X V H
A B M J U B N L D R Ó O I U Í E A R I I
Ü A F Q P O Ú M C I O A K Í Á E D K Á S
T A Ü J O F S A Á Q A I K J P L A A Ñ M
L E N G U A Ñ X Z O B A T É A P U Í D E
H A O C A L U M N I A E V Ú Z Y Ó S P S

1. Bocaditos
2. Pastel
3. Nata
4. Grupo
5. Chismes
6. Imagen
7. Cuadro
8. Desviar
9. Amable
10. Rumores
11. Calumnia (Salmo 101:5)
12. Habladuría (Proverbios 20:19)
13. Mentira (Efesios 4:25)
14. Lengua (Santiago 3:6)
15. Discordia (Proverbios 6:19)
16. División (1 Corintios 1:10)
17. Falsedad (Salmo 120:2-3)
18. Envidia (Proverbios 14:30)
19. Confusión (1 Corintios 14:33)
20. Paz (Romanos 14:19)

*no incluye los versículos bíblicos

SOBORNO

El regalo en secreto calma el enojo,
el soborno por debajo de la mesa aplaca la furia.

Proverbios 21:14, NTV

La palabra *soborno* nos trae a la mente la imagen del dinero que damos a un servidor público para que acelere nuestro trámite o acepte una documentación incompleta. Pensamos, también, en el oficial de tránsito que prefiere algo para su "refresco" en lugar de levantar la multa. O en el jefe que recibe botellas de vino en Navidad para incentivarlo a darnos un ascenso o estar en buenos términos con él. Pero el soborno también puede darse en casa.

La pareja discute y al otro día el esposo trae flores y la esposa cocina un excelente manjar. La madre se siente culpable por trabajar fuera de casa y descuidar a los niños, así que les compra juguetes para sentirse mejor. Ahora que, según el proverbio de hoy, estos regalos secretos y sobornos suavizan el terreno y aplacan el enojo. Tristemente, ¡no solucionan el problema! Y lo mismo sucede en nuestra vida espiritual.

Ofrendamos mucho para no sentirnos tan culpables por no leer la Biblia u orar. Asistimos a todas las reuniones, pero no dejamos los pecados del chisme y la envidia que nos consumen. ¿Y sabes qué? Ni las personas ni Dios quieren nuestros sobornos. Dios dijo: "Quiero que demuestren amor, no que ofrezcan sacrificios. Más que ofrendas quemadas, quiero que me conozcan" (Oseas 6:6, NTV).

Más que flores y una cena, debemos pedir perdón a nuestra pareja. Más que juguetes, tomemos el poco tiempo que tenemos con nuestros hijos para hacer algo significativo, como jugar o conversar. No caigamos en el juego del soborno, sino que hagamos las cosas con orden y dejemos que Dios obre milagros. Vayamos a Él con el corazón desnudo y lo llenará de amor.

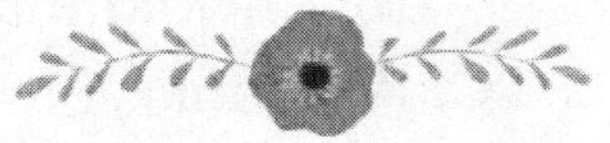

Señor, líbrame de sobornar a otros. Dame un corazón recto.

		P	S	Y	M	R	Ñ	J				V	N	V	M	K	C	Í		
		Ü	D	S	A	S	O	Q	C		A	X	Í	T	B	G	U	É		
J	G		Ñ	E	L	S	Z	X	M		I	Ñ	Ú	N	O	P	C		Q	K
Ü	Ü	X	Y	Z	S	J	R	E	T		T	D	F	Y	D	V	V	A	P	Z
É	F	Á	D	H	Á	T	T	J	O		E	Á	L	U	Ó	P	Z	E	I	Í
B	I	Ñ	U	U	M	T	R	D	B		F	P	L	A	R	N	L	S	E	Ñ
M	A	N	Ü	Ú	D	U	B	U	U		S	T	F	M	Á	I	R	T	T	P
Á	S	O	B	O	R	N	O	P	C	M	Ó	U	Q	Q	Z	L	A	A	Ó	X
U	U	K	F	L	O	R	E	S	Z	C	T	E	R	R	E	N	O	F	Í	V
	R	D	R	P	E	R	V	E	R	S	I	D	A	D	É	Z	S	A	U	
						X	O	Ú	V	É	K	Ó	U	A						
	É	N	E	Í	C	M	F	R	Ñ	E	H	J	N	É	K	I	N	S	V	
Ñ	L	Ú	N	T	O	A	I	Ó	M	E	N	T	E	L	S	N	D	Ú	I	Ü
Z	P	M	G	V	R	N	C	P	E	C	A	D	O	A	E	J	S	F	Ñ	Y
T	J	X	A	M	R	J	I	H	J	U	I	C	I	O	C	U	L	Z	C	M
C	R	G	Ñ	C	U	A	A	P	Ó		D	O	Y	P	R	S	P	P	E	Ü
I	R	B	O	P	P	R	L	D	Ó		É	M	M	H	E	T	É	G	N	C
T	H	I	N	N	C	F	O	Ü	Y		E	T	U	Ó	T	I	N	A	A	V
O	Ñ		M	L	I	E	N	É	J		U	Ñ	L	P	O	C	P		M	H
		G	D	E	Ó	M	Í	É	Y		Ü	K	T	A	L	I	I	M		
		V	Q	P	N	H	J	U				D	A	J	L	A	A	E		

1. Secreto
2. Furia
3. Soborno
4. Mente
5. Oficial
6. Multa
7. Flores
8. Manjar
9. Terreno
10. Cena
11. Corrupción (Proverbios 17:23)
12. Injusticia (Éxodo 23:8)
13. Pecado (Proverbios 21:14)
14. Mal (Miqueas 3:11)
15. Estafa (Amós 5:12)
16. Perversidad (Proverbios 17:23)
17. Destrucción (Éxodo 23:8)
18. Engaño (Proverbios 15:27)
19. Crimen (Deuteronomio 16:19)
20. Juicio (Proverbios 24:23)

*no incluye los versículos bíblicos

AUTOCONTROL

[No] te juntes con los que pierden los estribos con facilidad,
porque aprenderás a ser como ellos.

Proverbios 22:24-25, NTV

En nuestro mundo digital hacemos "amigos" con cientos de contactos; en ocasiones no los conocemos en persona. Aun a la distancia podemos ver por sus comentarios que algunos son irritables e irritan a los demás. Si les contestamos en el mismo estilo, "aprenderemos a ser como ellos". A la larga, la mejor decisión puede ser darlos de baja como contactos.

Al llegar a casa, el esposo de una amiga inmediatamente empezó a enojarse con ella por algún detalle sencillo. Ella le preguntó: "¿Qué te pasó hoy?". Resultó que había chocado en el camino, había llegado a molestarse con el otro conductor y se estaba desahogando con ella. Al perder los estribos podemos lastimar a los demás sin necesidad.

En este pasaje, Salomón nos exhorta a evitar la amistad con gente irritable que pierde los estribos con facilidad porque podremos seguir su mal ejemplo. Saber responder de forma apropiada requiere gran dominio propio. Practiquemos lo siguiente: "Todos deben estar listos para escuchar, y ser lentos para hablar y para enojarse; pues la ira humana no produce la vida justa que Dios quiere" (Santiago 1:19-20, NVI).

¿Nos juntamos con gente irritable? ¡Cuidado! Podemos volvernos como ellos. Peor todavía más, ¿somos irritables y perdemos los estribos con facilidad? Pidamos ayuda a Dios hoy mismo.

Padre, ayúdame a practicar el dominio propio para no reaccionar con ira.

O Y Í V E D F C D Ó
C Y D N X V Ü Ü O C Y Z P P
M F Ü X M Ú U E I T R G É E G C Ó Y
Ñ J J H N U O E Q Á Ú M C S L H N N P N
Á U D O M I N I O F J J A Í H Q F N U R Á N
O Z R P Ú B   M Q D Z R R   Q O Í E M D
S X H Ó Í F J   X G Q É G K   Í K I N D U
V Ó N T H L U   É Ú M E S E   O B D V É S S
X N K Q R C I S   T Í H I Á S   P Q Ü E A P Í Ó
I Ü Y B Y X B T   G H Ñ Ó B T   L A G R T P C S
S F S D É Z K H A   Í Á N S Ó I   É A C Ú N A J S N
P Y R F I Ú F B H   K X V Ñ Ó L   Á H B I U M L N Q
R T I N D S O P O   O B D C Í O   H A K L E X I L J
D S C E D M C F Y V F V Ó P O O V A É I Y I I Ó R D N T Z E
C A Y M N Y O I A D O M I N I O P R O P I O Á K K E H C Z S
F B Í J Ú M V D P T E M P L A N Z A V P Z K I G Ü T É M I C
V I P F U A O P E L C O N C I E N C I A S Z N R U Á J T D A
X D T I J R M T O S I C N F Ñ Á Ñ Ü E P Y V O D Q Y Z Z Ñ Q
E U Z Ü H   D P U Á T N Ü Y Z E Í S Ñ M Q Z T J   P Í A P T
J R O Y Ü   T D J Ü I A C Q É É P U V É S M   Í Ñ U C Ú
Í N B C   Y J R U A G A Ú Ú T D V T K Ñ   B P P Ñ
A A P E D   H A Z Ü X
G V Z D S   Ü P J É A
Ñ M P Á I K   P U N A A H
Í B U A E C Ú Ñ O Í O C Á Ñ D I S T A N C I A Q
L Á R U N P I P O E V O Á L H U M P Ó L B Í
X Ú E P C A U R Ü N V I R T U D J A L Q
Q Ü Z R I H K Á D I G I T A L C U U
R A Z A L O H N V J K R J Ú
Y E J E M P L O V B

1. Digital
2. Distancia
3. Estilo
4. Baja
5. Detalle
6. Dominio
7. Forma
8. Justa
9. Ejemplo
10. Hoy
11. Templanza (Gálatas 5:23)
12. Sabiduría (Proverbios 16:32)
13. Paciencia (Santiago 5:7)
14. Modestia (1 Timoteo 2:9)
15. Disciplina (1 Corintios 9:25)
16. Obediencia (Efesios 4:22-24)
17. Dominio propio (Proverbios 25:28)
18. Virtud (2 Pedro 1:5-6)
19. Pureza (2 Timoteo 2:22)
20. Consciencia (1 Pedro 2:19)

*no incluye los versículos bíblicos

PALABRAS SAZONADAS

Con larga paciencia se aplaca el príncipe,
y la lengua blanda quebranta los huesos.

Proverbios 25:15, RVR1960

Román Casiodoro dijo: "La humanidad puede vivir sin oro, pero no puede vivir sin sal". La sal no solo potencia el sabor de la comida, sino que también relaja las proteínas de la carne y la ablanda. La sal es importante incluso en el mundo de la fantasía, pues Samwise Gamgee, un hobbit en *El señor de los anillos* dice: "Nunca sabes cuándo necesitarás sal, así que es mejor tenerla cerca y lista para un viaje inesperado". La sal, según la Biblia, también es necesaria para la conversación.

Las palabras suaves, como el ablandador, pueden quebrar los huesos, el corazón más duro. ¿Te ha pasado que alguien explota contra ti, quizá a causa de su propia frustración, y tú respondes con tranquilidad? ¿Qué sucede? La persona baja la voz, regulariza su respiración y conversa contigo con más paciencia.

Pablo dijo: "Sea vuestra palabra siempre con gracia, sazonada con sal, para que sepáis cómo debéis responder a cada uno" (Colosenses 4:6, RVR1960). ¿Qué clase de sazonadores podemos usar? La gracia, la prudencia y la santidad en nuestras palabras actúan como la sal.

Quizá hoy tengas algo importante que decir con tu voz o por escrito. Tal vez quieras debatir un tema que consideras esencial. Tus palabras pueden ser "carne" o "verduras", elementos esenciales y nutritivos, sin embargo, si no van acompañadas por la sal, si no están sazonadas con gracia, no serán bien recibidas. Busca decir todo con amor, paciencia y suavidad, y así como Samwise, ten la sal siempre lista y cerca para tus conversaciones de hoy.

Señor, que mis palabras hoy vayan sazonadas con la sal de tu amor y tu Palabra.

```
                            Ñ
                            B
                          B J Ü
                          O U B
                          N P E
                        E D G N R
                        Ñ A R D R
                        B D A I M
                      S B E C C E J
                      Y U Á I I Ú Ñ
                      E F P A Ó H O
J H J I Q P S A R T E M P L A N Z A E O K P R Í N C I P E
  Ñ G B Ú Ü H C I S Í P E D I F I C A C I Ó N B S P A Z
      Q A A I R Q A Í N V Z I Í H U E S O S B Ó M A
        D C B G E B V T T E S C A X O H G M H Í F
          J J H Ü I L I A H R F A I A É P H D K
              O I D E R A M S A L R Y R D V
                Z U N E Ú J A Ó C V N N X
                  R G S L R E B Ú I É E
                  Í U P C G Z G I L D F
                  A A E D O Í E C L M A
                Q P R T U P N N E E I Í D
                X V Y O R B Ú G G M R D C
                H O D É O I   X R C Ó C A
              H Z H F I L       E A J L A D
              G O R O I           F C I J T
              L R N                   I Ú A
            L D X                       A V Ú
            O U                           V Á
            Ú                               C
```

1. Príncipe
2. Lengua
3. Huesos
4. Oro
5. Carne
6. Sal
7. Cerca
8. Viaje
9. Duro
10. Gracia
11. Gracia (Colosenses 4:6)
12. Sabiduría (Proverbios 15:23)
13. Amabilidad (Efesios 4:29)
14. Edificación (1 Corintios 14:26)
15. Bondad (Proverbios 16:24)
16. Paz (Colosenses 3:15)
17. Templanza (Gálatas 5:23)
18. Bendición (Proverbios 12:18)
19. Respeto (Proverbios 15:1)
20. Veracidad (Efesios 4:25)

*no incluye los versículos bíblicos

JUSTICIA

Cava una fosa, y en ella caerás;
echa a rodar piedras, y te aplastarán.

Proverbios 26:27, NVI

En tiempos pasados, para atrapar animales era común cavar una fosa y cubrirla con tierra y hojas. Según este proverbio, el cazador puede caer en su propia trampa. Las piedras enormes se usaban como armas de guerra, pero si rodaban sobre el que las movía, podían aplastarlo.

En el imperio persa bajo el mandato del rey Asuero, el visir Amán preparó un complot para matar a todos los judíos del reino. También mandó hacer una horca para colgar a Mardoqueo, primo y padre adoptivo de la reina Ester, también judíos. Al final, el rey mandó a que Amán fuera ahorcado en el instrumento de su propia creación.

En este versículo y en muchos más, la palabra de Dios enseña que el pecado acarrea consecuencias. En especial, el que desea dañar a otros caerá en su propia "fosa". El Señor nos recuerda que no nos toca buscar venganza cuando nos causan daño: "Mía es la venganza; yo pagaré" (Romanos 12:19, NVI).

¿Nos han lastimado con palabras hirientes? ¿Nos han robado objetos de valor? ¿Nos han tratado injustamente? No guardemos rencor ni deseos de vengarnos. Reconozcamos que el juez eterno es Dios y Él hará justicia.

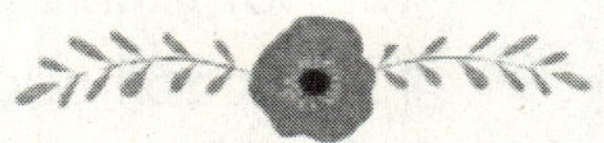

Señor, reconozco que está en tus manos, no en las mías, hacer justicia.

R L
E P
N Ñ
Y X Ú U T R C R Í Í F
Ó I Y U Ñ J Ü Ú A O Ú I L E Y T
Z Z R R Y Y U M Á N Ñ R D P C Ü E V
E F G O Y G I Z L Ú U M H Á A X X I
Ü A V N D H Q C Ñ S T H X Ú L V Ó T S F
I Á A Q A S Ü I L U Q K H B J A D O I Ñ
G R É N R Q D O C H Ü O B Y Í R L T R P
S T H S A T M I S E R I C O R D I A Ú S
Ó V A L O R V F O S A R E D E N C I Ó N
P R I M O Í G É Á J V R E C T I T U D N
L Ú E Q U I D A D Y V D Ñ F I M F E Ñ R
P Í V S C Á Ú H O J A S U É P D D C
C A U I N I Q U I D A D Ñ B E I F U
H Z É T Y E F Ñ Ú B J L O R I Á
G É R E C O M P E N S A I S
Ó D V E R D A D Q Ñ R O
Ó Z É Ú C

1. Fosa
2. Rodar
3. Cavar
4. Hojas
5. Texto
6. Imperio
7. Visir
8. Primo
9. Rencor
10. Valor
11. Rectitud (Salmo 89:14)
12. Equidad (Proverbios 2:9)
13. Verdad (Salmo 33:4)
14. Juicio (Isaías 1:17)
15. Ley (Salmo 119:172)
16. Iniquidad (Isaías 59:2)
17. Recompensa (Mateo 5:12)
18. Misericordia (Miqueas 6:8)
19. Paz (Isaías 32:17)
20. Redención (Isaías 1:27)

*no incluye los versículos bíblicos

CAPACITACIÓN

El hierro con hierro se afila,
y un hombre aguza a otro.

Proverbios 27:17, LBLA

Cuando era niña, iba con mi mamá al mercado. Había una carnicería grande donde varios trabajadores, con su bata y gorrito blanco, atendían incansablemente a los compradores. Aplanaban la carne golpeándola con un pesado metal sobre un enorme tronco, y para realizar un buen corte afilaban sus enormes cuchillos con un artefacto parecido a una espadita redondeada llamado chaira. Cuando se frotan dos cuchillas de hierro, cada una se vuelve más afilada y, por lo tanto, más efectiva.

Cuando compartimos amistad, intereses, experiencias y ministerio con otros creyentes, el resultado de dicho trato es la edificación mutua. Juntos nos hacemos mejores, pulimos nuestro carácter y talentos. En mi vida cristiana, he tenido mentores que me han ayudado a aprender. Aceptar recomendaciones requiere humildad y ganas de superarnos. A veces, como dos machetes que se frotan, podemos "sacar chispas", pero el resultado es positivo.

Nuestros mejores logros en la vida son los que realizamos con ayuda de otros. El sabio predicador dijo: "Es mejor ser dos que uno, porque ambos pueden ayudarse mutuamente a lograr el éxito. Si uno cae, el otro puede darle la mano y ayudarle; pero el que cae y está solo, ese sí que está en problemas" (Eclesiastés 4:9-10, NTV). Amistades hermosas surgen cuando cuidamos la reciprocidad, es decir, la ayuda mutua.

¿Haces equipo para lograr tus objetivos? ¿Te interesas genuinamente por el logro de las metas de tus amigas o tu esposo? Acércate a las personas que pueden ser una buena influencia en tu vida y con las que puedas hacer sinergia. Ora para que el Señor te guíe; por algo las ha puesto cerca de ti.

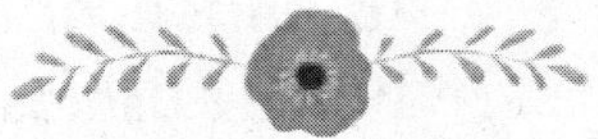

Capacítame, Señor, para trabajar en equipo para tu gloria.

A É X I T O I É
D Q D S A B I D U R Í A
X H F I Q E N S E Ñ A N Z A
N Í T E E Q U I P A M I E N T O
É T Á V R S D I S C I P L I N A G S
R R S Z A T C R E C I M I E N T O P
Q M O Y E U R I É M Í C Ú Ñ D Ñ Í F O Á
L E N Ü A A A H V F Ü U C U F Í L P S Ó
O R C Z J Z M Q S F É Í D O X V X É I K
G C O S A B I D U R Í A D I V I N A T I
R A L K Ñ U E Á Ñ I Ñ M J N H T L P I Ñ
O D H Ó X Ñ N N X Ó B G E S Ó Á V E V A
S O X C N Z T X X Ü H Z E T Ó Q R S O Q
Ú É L T D G O T R A T O X R A I S A É F
P R E P A R A C I Ó N B U A L Ü D J
E D I F I C A C I Ó N A C Q L Z O I
A M C O Í B A F B I T C U U L X
V C Z V Ñ Z Ñ Ü V A I M É L
Ü S I N E R G I A Ó É Í
T H U S A X Ó N

1. Mercado
2. Bata
3. Pesado
4. Tronco
5. Metal
6. Trato
7. Positivo
8. Logros
9. Éxito
10. Sinergia
11. Sabiduría (Proverbios 2:6)
12. Instrucción (Proverbios 4:1)
13. Enseñanza (2 Timoteo 3:16).
14. Disciplina (Hebreos 12:11)
15. Adiestramiento (Salmo 25:4)
16. Edificación (Efesios 4:12)
17. Equipamiento (Efesios 4:12)
18. Crecimiento (Colosenses 2:19)
19. Preparación (1 Pedro 3:15)
20. Sabiduría divina (Santiago 1:5)

*no incluye los versículos bíblicos

ERRORES

Nunca difames al empleado ante su patrón.

Proverbios 30:10, NTV

Cuando un periódico británico difamó a Keira Knightley diciendo que sufría un desorden alimenticio, ella los demandó y ganó el juicio. El dinero que recibió lo donó a una obra caritativa. ¿Y qué es difamar? Significa decir en público o escribir cosas negativas en contra del buen nombre, la fama y el honor de una persona. Algunos sinónimos son calumniar, denigrar, desacreditar o desprestigiar, y expresan la idea de dañar la reputación de una persona.

Un conocido ha perdido su trabajo en una institución reconocida porque lo difamaron. Antes, tenía muy buena reputación y esperaba continuar allí por muchos años. No hay forma de comprobar las acusaciones falsas, así que los abogados consideran que dentro de pocos años es probable que pueda volver. Mientras tanto, en lo económico y sobre todo en lo anímico, ha sido un golpe bajo para mi amigo. Será difícil volver a establecer su prestigio.

Este proverbio aconseja no difamar "al empleado ante su patrón". Hacerlo puede acarrearle desconfianza, regaños y aun la pérdida de su empleo. El Nuevo Testamento nos ofrece una enseñanza similar, pues nos invita a no acusar a un hermano en la fe antes de hablar personalmente con él o ella. "Si tu hermano peca contra ti, ve a solas con él y hazle ver su falta" (Mateo 18:15, NVI). La difamación, de hecho, es un arma muy usada por Satanás. ¿Recuerdas que habló mal de Job delante de Dios?

A pesar de lo que procura hacer nuestro principal enemigo, podemos escudarnos bajo la protección de nuestro Abogado. "¿Quién acusará a los que Dios ha escogido? Dios es el que justifica" (Romanos 8:33, NVI). Seamos cuidadosas y evitemos también acusar injustamente a los demás.

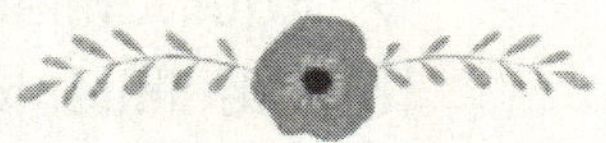

Padre, gracias por cubrir mis errores.
Ayúdame a alejarme de la difamación de otros.

Ü L Q A   N H E J

B M H Y A R   H É E X O I

I D E A Ñ P É U   X Ñ Z N É L G A

Q T R O P I E Z O É   J D Á P L U T N R L

C R N D E S V I A C I Ó N Í N Ü É A O E N

P E C A D O A C U S A C I O N E S R R T É

A Ó X S C K Ó I N I Q U I D A D E R A P Á

Ü X C É A N N O H A C E R V R I Z O N S Z

S F A M A E N E M I G O Q A E F Z G C Ñ Í

G T R A N S G R E S I Ó N G A Ü A I A

P G I P J D I E B G H N I A L T N A M

R O Z E P D L H A O V D Ñ T J C D

C I K Ú R Ú U J D N P A O A A I Q

E N P M I B B U O C D S U B A

G C S Ü Ó L M R V Ü A Á O

U I Ñ É D I G É L X N

E P S F I C F D F

R A G Ó C O F

A L B D O

Ñ E F

Y

1. Periódico
2. Público
3. Fama
4. Honor
5. Idea
6. Regaños
7. Acusaciones
8. Falta
9. Principal
10. Enemigo
11. Pecado (Romanos 3:23)
12. Transgresión (1 Juan 3:4)
13. No hacer (Santiago 4:17)
14. Iniquidad (Salmo 51:5)
15. Desviación (Isaías 53:6)
16. Tropiezo (Mateo 18:7)
17. Vanidad (Eclesiastés 1:2)
18. Ignorancia (Hechos 17:30)
19. Ceguera (Mateo 15:14)
20. Arrogancia (Proverbios 16:18)

*no incluye los versículos bíblicos

MADRE

Sus hijos y su esposo la alaban y le dicen:
"Mujeres buenas hay muchas, pero tú eres la mejor de todas".

Proverbios 31:28-29, DHH

"A ti que me diste tu vida, tu amor y tu espacio" dice la canción "Señora, Señora" de la cantautora brasileña Denise de Kalafe. Esta canción que se ha vuelto un himno se escucha en muchas versiones el día de las madres en México. Un día, Denisse se sentó al piano y, sintiendo nostalgia por su madre, empezó a escribir en una bolsa de papel de estraza un canto de admiración y reconocimiento. Este es el canto que miles hacemos nuestro al menos un día del año.

Mi mamá murió siendo todavía joven y de forma repentina. Le dije: "Te amo", pero no lo suficiente. No le di el suficiente reconocimiento, gratitud y alabanza que merecía.

Afortunadamente, los hijos de la "Mujer virtuosa" de Proverbios 31 sí lo hicieron. Tal vez aprendieron de su ejemplo. Ella era tan bondadosa que seguramente procuró y honró a su propia madre. Alabar es expresar con palabras lo bueno que una persona es y hace.

Si tienes la bendición de tener a tu mamá, hónrala con tus mejores palabras y los más sentidos versos. La mayoría de los hijos pensamos que nuestra mamá es la mejor de todas. Asegúrate de decírselo lo suficiente.

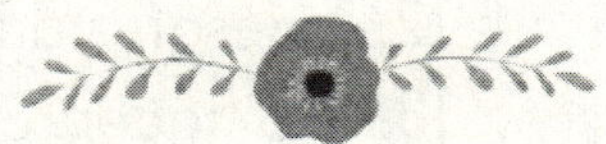

Señor, te doy gracias por la madre que me diste.

X

E B Ú

G S C E C

J H Ú U E N E

S Í I M Ñ F S D X

P X Ó C P V K I P I P

Ó D A L A B A R Q C O C R

S A B I D U R Í A Í E I S I E

Í E I N S T R U C C I Ó N E O Ó S

J C A B S O A M Ü Ú H I M N O N R N A

M F Ñ O M G F P A T C A N C I Ó N T M L R

Z U O M O T E T Ü G R A T I T U D E I

V E F P R E E M N O S T A L G I A

E R V A Á R K I E S P A C I O

R Z Ü S N N C U I D A D O

S A I I U U V H E C T

O Y D Ó R R P Ñ S

S A X N Í A D

D Ü C V E

Z Ú Q

N

1. Esposo
2. Espacio
3. Canción
4. Himno
5. Nostalgia
6. Gratitud
7. Expresar
8. Alabar
9. Versos
10. Suficiente
11. Maternidad (Génesis 3:20)
12. Amor (Proverbios 31:28)
13. Sabiduría (Proverbios 1:8)
14. Cuidado (Isaías 66:13)
15. Bendición (Salmo 113:9)
16. Ternura (Isaías 49:15)
17. Instrucción (Proverbios 6:20)
18. Fuerza (Proverbios 31:25)
19. Compasión (Mateo 15:24)
20. Fe (2 Timoteo 1:5)

*no incluye los versículos bíblicos

SENSIBILIDAD

Tiende la mano al pobre,
y con ella sostiene al necesitado.

Proverbios 31:20, NVI

En México hay pobreza. A diario vemos limosneros que estiran la mano en las calles, o niños que hacen maromas en las encrucijadas para pedir una cooperación. Hemos visto casuchas en condiciones lamentables y personas que tiritan de frío por la falta de ropa adecuada.

Maggie Gobran era jefe de un departamento de la Universidad Americana de El Cairo. Cuando vio la terrible situación de los barrios bajos que vivían de los basureros, dejó su carrera y su vida cómoda para ministrar a los pobres y mitigar su sufrimiento. Fundó Stephens Children, que ha provisto ropa, alimentos y educación para unos treinta y tres mil niños. Maggie es cristiana copta y fue nominada al Premio Nobel de la Paz en el año 2020.

La mujer de Proverbios 31 "tiende la mano al pobre, y con ella sostiene al necesitado". No solo le interesa su propia familia; es generosa para con los demás. En el sitio web de la organización de Maggie Gobran se destaca este versículo: "Si te dedicas a ayudar a los hambrientos y a saciar la necesidad del desvalido, entonces brillará tu luz en las tinieblas" (Isaías 58:10, NVI). Jesucristo mismo sirvió en especial a los pobres, a los enfermos y a los menospreciados de la sociedad. Dios nos invita a traer esperanza a los que sufren en ese mundo.

¿Cómo podemos ayudar a los necesitados que nos rodean? Pidámosle a Dios formas de "tender la mano" a los pobres con más que "una limosna".

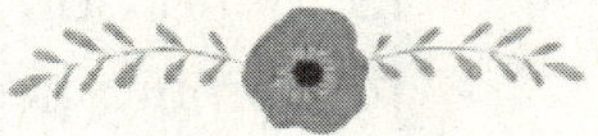

Señor, haz que tenga el corazón sensible a los que sufren y pueda darles esperanza.

O Ñ K E S G B B A R R I O S M Ó G Q Ü R
É É A K H V P T X É O H R A S A J Q L J
Q G N B F K K E E V U P K N T O C I Ñ K
Y L J Í D K Q B R S G K A Y E P A Í K L
D Z O D B V Ü R O D C D H Í R N Y Ó T I
Ó M Á M L B Ó E I N Ó U Ó V N Ñ Á A H M
J H P Q Ü Ü Á G Í M D N C P U H Ú M D O
E Z Z Ó A N C E Z P H A S H R U I O D S
F Í H N B C A L L E S Ü D F A C J R A N
E S Z I Y E S P E R A N Z A K O D P A A
M É V K O Á I I B A F J Ú É Q M E A N S
M I S E R I C O R D I A H Z A P S C C A
C P F R Í O Ó Z L I Á T Ó Í G A V I A G
Q B E M Ó Ü A Ó B G Y É F L B S A E R T
U R É X Ú Ó Ü N E M P A T Í A I L N R N
I A K Ü R E D R Ú U O Ó P U D Ó I C E R
A L I V I O Z Z K X Z É S Á U N D I R G
L C X D Á J Ú Ú U B O L R G Y G O A A P
F Z A L I M E N T O S H N Ú G J Ü A O Ú
V D Ü D Ó S H Q S J L Z S R V J K V B G

1. Frío
2. Calles
3. Ropa
4. Jefe
5. Barrios
6. Carrera
7. Alimentos
8. Desvalido
9. Esperanza
10. Limosna
11. Compasión (Mateo 9:36)
12. Misericordia (Mateo 5:7)
13. Empatía (Romanos 12:15)
14. Ternura (Filipenses 2:1-2)
15. Amor (1 Corintios 13:4-7)
16. Escucha (Proverbios 19:20)
17. Bondad (Gálatas 5:22)
18. Alivio (Mateo 11:28-30)
19. Paciencia (Efesios 4:2)
20. Perdón (Efesios 4:32)

*no incluye los versículos bíblicos

AUTORIDADES

Por mí reinan los reyes
y promulgan leyes justas los gobernantes.

Proverbios 8:15, NVI

¿Por qué hay malos gobernantes en el mundo? ¿Te lo has preguntado alguna vez? Algunas personas piensan que Dios pone a todos los gobernantes, pero la realidad es que nosotros los elegimos o llegan por medios incorrectos. Dios lo "permite", mas no los coloca en el trono.

Podemos citar muchos malos líderes en nuestras sociedades. Muchos de ellos son elegidos por cada nación. Por esa razón es tan importante participar en las elecciones de nuestros países y apoyar los partidos o los líderes que promueven leyes justas y que buscan ayudar a los pobres y a los menos afortunados.

En la historia de Israel encontramos muchos reyes, algunos buenos, otros malos. Cuando un gobernante es benévolo con su pueblo y promulga leyes justas, Dios le respalda y le da sabiduría para seguir gobernando. Detrás de un buen gobierno, también hay un pueblo sediento de justicia y rectitud.

¿Qué debemos hacer ante gobiernos corruptos? Lo primero es orar. Oremos porque Dios toque sus corazones y les mueva a buscar justicia. Pero una manera muy poderosa de levantar nuestra voz es con nuestro ejemplo. No nos prestemos a la corrupción, votemos y elijamos con conocimiento, no solo porque otros lo hacen. Seamos ciudadanas ejemplares.

Señor, actúa sobre el gobierno de mi país.

C R Ú U I F P Á M E D I O S

O E J C F N A C P D L B I Ó J U

Z C C U O Q F R D D A Í D E U O X X

L P V T E R E Z T Y P R Í N C I P E S L

I Y H I C R F X I E R G Z S Y T M E F Ñ

Ó S H T E U I Y D X E Q M R E X Ü N Í M

T Z V U S P A R O V Y B O A Z S D X É K

J Ú R D P T T E S O É E D S Ú V I Ú N J K

N B K A P O O S Ú M P S L Í I J E É Ñ Z U

D F D Ü S É P G O B E R N A N T E S Ú

P E B V M N T É T

B P Q I Ó F T V F T Ü Q O H U Ó O Ó T

V Á H C Í Ú B O B Í M Ü B E N É V O L O É

E G E X Ó Z E T I F J B G X Ü G L S H K L

X I E D I O S X C I U D A D A N A S V M Ú

J Ñ S I E R V O S B O B E D I E N C I A

S O B E R A N Í A M X Á Ñ H Y V H F K Y

R E A L I D A D A L I R Ñ Ú T A H F E H

Z Q P U E B L O O O É L B M T Z A I

G Y Ó X G Ú O F T J Ü E A S M Á

P M A N E R A Á N Z Y K Á K

1. Realidad
2. Medios
3. Países
4. Partidos
5. Benévolo
6. Pueblo
7. Rectitud
8. Manera
9. Corruptos
10. Ciudadanas
11. Gobernantes (Romanos 13:1)
12. Reyes (1 Samuel 8:7)
13. Príncipes (Proverbios 8:15)
14. Jueces (Deuteronomio 16:18)
15. Dios (Romanos 13:1)
16. Obediencia (Romanos 13:2)
17. Soberanía (Daniel 2:21)
18. Siervos (Romanos 13:4)
19. Ley (Romanos 13:3)
20. Respeto (1 Pedro 2:13-17)

*no incluye los versículos bíblicos

ADICCIONES

Y no saben que allí están los muertos,
que sus convidados están en lo profundo del Seol.

Proverbios 9:18, RVR1960

Eilene Zimmerman escribió sobre su difunto esposo Peter en su libro *Smacked, una historia de ambición de cuello blanco*. Peter, exitoso abogado y con una casa de ensueño, murió por una sobredosis. Ni su exesposa ni sus hijos adivinaban que había caído en la pesadilla de la adicción hasta que fue muy tarde. Por lo tanto, Zimmerman declara que no solo los vagabundos y pobres pueden caer en la trampa de las drogas, sino también doctores, abogados, hombres de negocios e, incluso, amas de casa.

Eilene descubrió que su esposo había empezado a consumir cocaína para aliviar el estrés. Otros profesionales han dicho que las drogas les ayudan a ser más productivos en un mundo cada vez más demandante. Quizá algunos simplemente quieren emoción en una vida que les parece cada vez más tediosa. Tristemente, acudir a cualquier sustancia —legal o ilegal— que nos controle, es escuchar la voz de la necedad que describe Proverbios 9.

El escritor de Proverbios nos recuerda que seguir el consejo de la mujer insensata, que nos engaña con atajos, es ir directo a la muerte. Moisés le dijo esto al pueblo de Israel cuando les presentó la ley: "Mira, yo he puesto delante de ti hoy la vida y el bien, la muerte y el mal... escoge, pues la vida" (Deuteronomio 30:15, 19, RVR1960).

Elijamos la vida. Huyamos de las drogas como huiríamos de una serpiente venenosa, y busquemos ayuda si hemos sido atrapadas por sus tentáculos. Enseñemos a nuestros niños y jóvenes sobre sus peligros.

Señor, no permitas que caiga en las drogas. Hoy te pido también por todos los que luchan con adicciones. ¡Que encuentren en ti la salida!

Ü K Z K Á Q T O F L
F Á I J G U Ü O S É Y V É Z
K Ó A D E T E B K Z S Á U M Ó Ú E D
Y S Q B E O Á N I Í V U K L L G T M Ñ É
R B É Á O Á C M T É Í Ñ S U Ü H S P E U Q O
L E T Y K G I G S N T M E J É B Ú Ú
F I X O E D A L N Z Y A Ñ V N H S Ü K
P G N V T J D E P A Ü N O P L D Ó Ó I S
L É K D R R I O Z S A R C K T G J Á Á T Á Ü
L F K E T I X Ó A T Ú I I Y F G B D Z R Ü F
P E S A D I L L A N U E C A Ñ J É T T D A S É Q
G X B S S C Ñ D V Ó C Ñ D J H K B E L Z N T Ñ Y
O B F O O J S R A G X E O I U K D M Z D S L É Ó
L F V B E Á J Ú X Í S Ú Z Ó É J Ü O M J X P D P K U F P É X
P F Ó R I S K L D X Í M A N I F I E S T A S J L T M O K O J
E B Ü I X G C I I I Á Ñ K O Í Q H U F A Ú R L A Á D R H Ó Ü
O Ó S O L R M L R Ó F X G B M U E R T O S P N Z Q P M P Ñ S
Q Z C S I L Z J A K F U B E T E N T A C I Ó N A K Ó A Y É L
N Á E N B V F S V X T N J Ñ U Y É Ñ Á K Í H G G D J F S
E Á Q Í R Ü L N O Í N T Á B X É K P K Ú N S O M É S
N Ü U O O S Ó S U Ü O Y T X F Á G Ú Á D S U V
Í G Í B M X I Q O M
P A Y G G A Y L O A
R L Ñ K Ó I J Ó I P O Ú
O G A M Z L I C H J A S E R P I E N T E S Ó F M
Y D D C J E Ú A L I V I A R H Y F L R D C E
B A O Á Z G Ú Ú O R O K F E Ó Ó U X J É
E Ü X K A A Ó S Ó Ñ Q Í Ó X O I F J
A M M Q L M Ü S P O Z N É É
K U O Ú J A I C U M

1. Muertos
2. Difunto
3. Libro
4. Abogado
5. Pesadilla
6. Aliviar
7. Tediosa
8. Sustancia
9. Ilegal
10. Serpiente
11. Dominar (1 Corintios 6:12)
12. Manifiestas (Gálatas 5:19-21)
13. Esclavos (Romanos 6:16)
14. Sobrios (1 Pedro 5:8)
15. Engañado (Proverbios 20:1)
16. Templanza (Gálatas 5:22-23)
17. Golpeo (1 Corintios 9:27)
18. Transformados (Romanos 12:2)
19. Gentileza (Filipenses 4:5)
20. Tentación (1 Corintios 10:13)

*no incluye los versículos bíblicos

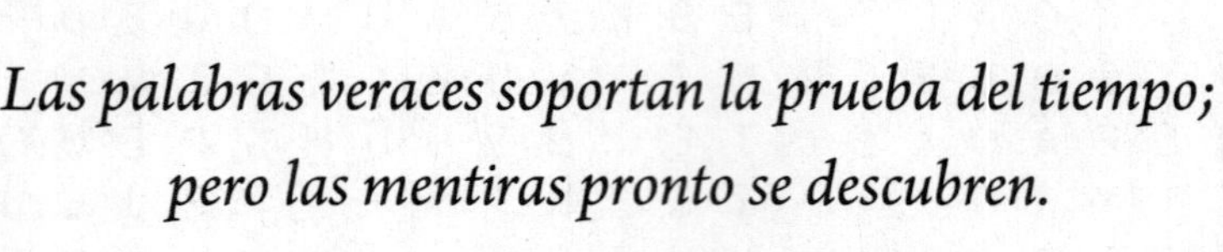

PALABRA DE VERDAD

Las palabras veraces soportan la prueba del tiempo;
pero las mentiras pronto se descubren.

Proverbios 12:19, NTV

En Rumania, cuando alguien está a punto de mentirte, dicen una expresión que se traduce como "vendes donas". Las donas o rosquillas son uno de los panes favoritos de muchos, pero con esta expresión los rumanos advierten que alguien no dice la verdad.

Nuestro proverbio nos recuerda una de las pruebas más importantes para saber si algo es o no verdad: la prueba del tiempo. Podemos mencionar una lista de propuestas que en su momento fueron novedosas, pero hoy han quedado en el olvido porque no fueron ciertas. Sin embargo, un libro que ha soportado la prueba del tiempo, de la crítica y de la persecución, hoy sigue en pie trayéndonos paz.

"Los seres humanos son como la hierba, su belleza es como la flor del campo. La hierba se seca y la flor se marchita. Pero la palabra del Señor permanece para siempre" (1 Pedro 1:24-25, NTV). La Biblia es única en que, a pesar de haber sido escrita por más de cuarenta autores diferentes en un lapso de muchos años, tiene un hilo conductor: Jesús mismo. Él es el tema central de la Biblia, y no ha pasado de moda.

Las mentiras se descubren tarde o temprano. La gente, incluso, puede adivinar cuando les estamos intentado "vender donas", pero la verdad soporta la prueba del tiempo. Cree la verdad. Mantente firme en la verdad. Aférrate a la verdad. No te arrepentirás.

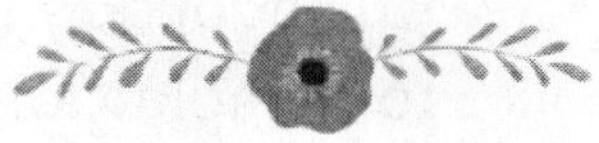

Tu Palabra es verdad, Señor.

E
M
U R S
B P A
F U B
C M R I O
Ú E I D Ñ
K N F U Y
H É T I R V U
Ñ A I C Í E G
G J R A A R K
A C A M P O Á L Ñ M L S M A C Ü D C R Í T I C A Ú J F U K
Ñ H I E R B A C O A I Ñ S I Q A E X P R E S I Ó N K Ñ
T M Ó Z K R M P É Ü K Ó R D O L V I D O Ñ J Ü
H I T Í Á E S L Y Ú N X F E G V I D A T K
J J Ñ Ú N O E V A N G E L I O E N Z É
U Y T K F B N Y V V U Á F G Ñ
S O Ú P Ó X Ü S Á F Q Ü B
T V C R É Q D V I Y Q
V I Q Z U D H Ñ D J T
D Ñ C G D E Z Ñ E N I
R L X A I H J B U L E G J
Y H U Á N A U I A I V Ü G
C I P Z Á Z T Ñ D N Ñ R
H M L Ó M X O A C T A E
V A O X C D P Y C Í
M Ü J Y I Y
L O Ñ A N Ü
D T F Ú
F Ú

1. Prueba
2. Mentiras
3. Expresión
4. Momento
5. Olvido
6. Crítica
7. Hierba
8. Campo
9. Lapso
10. Hilo
11. Verdad (Juan 17:17)
12. Evangelio (Efesios 1:13)
13. Luz (Salmo 119:105)
14. Vida (Juan 6:63)
15. Justicia (Salmo 119:142)
16. Sabiduría (Proverbios 2:6)
17. Fidelidad (Deuteronomio 7:9)
18. Fe (Romanos 10:17)
19. Purificación (Juan 15:3)
20. Gracia (Hechos 14:3)

*no incluye los versículos bíblicos

MENTIRAS

Los justos odian las mentiras.

Proverbios 13:5, NTV

Cuando Pilato estaba juzgando a Jesús se preguntó qué era la verdad. ¿Debía confiar en la palabra de Jesús? Pilato, tristemente, no estaba interesado en saber qué o quién era la verdad. Más bien, evaluó las consecuencias de lo que creía. Pensó en la rebelión que podía levantarse de parte de los judíos si los enfadaba y en lo que sus superiores demandarían de él. La verdad quedó a un lado.

Lo mismo hacemos hoy. No nos importan los hechos: que el feto ya es un ser humano; que Dios creó hombres y mujeres y no se equivocó; que el uso desmedido del plástico afecta el planeta... Muchas veces, lo que nos importa es qué consecuencias tiene lo que creemos para nosotros. Si seguir la verdad puede afectar nuestra reputación, puede hacernos perder dinero o puede obligarnos a dejar nuestro estilo de vida pecaminoso, elegiremos ignorarla.

La verdad es un tema complejo en el mundo moderno. Al parecer, a nadie le importa "la verdad" sino cómo afecta nuestra comodidad y, de acuerdo con eso, la aceptamos como tal —una verdad— o la catalogamos como una mentira. ¿Odiamos las mentiras? ¿Las toleramos por conveniencia? Los que pertenecemos a Dios hemos escuchado la verdad de parte de Dios y su Palabra. Así que debemos responder a la pregunta de Jesús: "Y si les digo la verdad, ¿por qué, entonces, no me creen?" (Juan 8:46, NTV).

Nuestro compromiso debe ser con la verdad sin importar las consecuencias. En otras palabras, debemos creer y hacer lo correcto, aunque ello conlleve burlas, desprecio o problemas.

Señor, quiero odiar las mentiras. Ayúdame a amar la verdad.

F G

E D

M O

V D A R   B D R B   I A I

C F É Y L E M P G E L X Á Q Q B

Z F A C C T Y B A L V P E S Á A J J

R R L H O E Á E E L Á E U L V I D A

F Q A S I Ñ R J Á N L D S R T E N T B F

V Ü U E P A G R O S G I I T D A N Í N T

Q Ú D D O C I B E B T A Ó C I A C G B F

S Ú E A C Ü V U Z C P I Ñ N I C D I U J

B F Z D R X E Ú R E T T L O Ú Ó O L Ó A

Q Z U N E E R Q X M M O Ú M A Á N Z I N

X F A L S O S T E S T I M O N I O S P D

Z U Ü Í B A T M E N T I R O S O V A

E E A A D C V I D E S P R E C I O V

S H O Ú I G I L V A N I D A D S

M G N Ó C O M O D I D A D Q

K X N Y D B D X F E T O

O S V Q X

1. Rebelión
2. Feto
3. Plástico
4. Reputación
5. Estilo
6. Comodidad
7. Desprecio
8. Verdad
9. Vida
10. Correcto
11. Engaño (Salmo 34:13)
12. Falsedad (Proverbios 12:22)
13. Hipocresía (Mateo 23:28)
14. Tergiversación (Proverbios 6:19)
15. Falsos testimonios (Éxodo 20:16)
16. Fraude (Miqueas 6:11)
17. Doble lengua (Santiago 3:10)
18. Mentiroso (Apocalipsis 21:8)
19. Vanidad (Salmo 119:37)
20. Maldición (Proverbios 19:9)

*no incluye los versículos bíblicos

DESEOS

Jehová está lejos de los impíos;
pero él oye la oración de los justos.

Proverbios 15:29, RVR1960

¿Has estado en medio de una tormenta? La primera vez que escuché el retumbar de los truenos yo tenía seis años. Parecía que el cielo estaba enojado y enviaba sus rayos para desahogar su ira. Entonces, para colmo, la luz eléctrica falló. Afortunadamente, estaba mamá y su abrazo. "Pues vamos a orar. Tú pídele a Dios que ya venga la luz y se acabe la lluvia". Mamá siempre me decía que Dios escuchaba todas las oraciones. Empecé a orar. Justamente al decir "amén" y abrir los ojos ¡vino la luz! Fue tal nuestra sorpresa que empezamos a reír de gusto.

Hoy agradezco que mi mamá inculcara en mí la certeza de que Dios me escucha. Aunque a veces parezca que nuestra oración es demasiado insignificante como para modificar lo que está predestinado, oremos de todos modos, porque Él está atento. Roguemos por el que padece cáncer y por quienes no tienen trabajo y alimento. Clamemos por el que vive atrapado en alguna adicción y por los niños que tienen que trabajar. Por los refugiados, los gobernantes, las víctimas de la trata de personas, la inseguridad y la delincuencia… ¡hay tanto por lo cual orar!

El proverbio de hoy es claro. El Señor oye nuestras oraciones. El Nuevo Testamento lo ratifica: "Acerquémonos, pues, confiadamente al trono de la gracia, para alcanzar misericordia y hallar gracia para el oportuno socorro" (Hebreos 4:16, RVR1960). ¡Cuán preciosa invitación!

No permitas que esta hermosa comunicación se vea interrumpida por el pecado. Vive justamente, en obediencia y procurando la integridad. Comprobarás que una oración puede hacer que la luz nos ilumine de nuevo en tiempos de oscuridad.

Señor, delante de ti están todos mis deseos y mi suspiro no te es oculto.

E N O R A C I Ó N H Ü P V L C Z X Q K Q
V Z S D É T S R M Ó E Y C Q E H Í Ú R F
Ó Z E T E Q O K A B J M M J E J Ú Ú F I
Y K O O P Z B R N Y J E S N S S O X G G
C O D I C I A S M É O I L F P O Ñ S N Q
I X O F É V Ñ V J E Q S Ü Á Í C C Y E V
D A Ú P M Y M B M H N F I J R O J É A L
Ü F O S Ñ J U Ó C Q Ú T Q P I R V L I Ñ
U M O D O S O G V Ü N Y A É T R T D N Ó
C D M P Y B B F G U S T O Q U O T E C Ú
H C O N C U P I S C E N C I A É J L L T
U K É D C Ó J Í Ñ I Q U E R E R Ñ E I M
K R E Y G Á Ó O H S C A R N E M E I N C
K G Ú Ú Ú M Í Q G Z A B R A Z O X T A H
C I É V M I H Y J Í E Ú Y O Ñ P E E V L
C E C É H Z M Ú E V M A Y B A P Ñ P U U
O P O N E N N P Q Y I K Y O D E S E A R
C E Z A J Z C I Í I Q N A C S A I U Ü N
M K Ú N G F Ñ L C O O C E R T E Z A I B
J Ú C H Á T O O X B S R P R O D U C I R

1. Impíos
2. Lejos
3. Tormenta
4. Rayos
5. Abrazo
6. Gusto
7. Certeza
8. Modos
9. Socorro
10. Oración
11. Deleite (Salmo 37:4)
12. Oponen (Gálatas 5:17)
13. Concupiscencia (Santiago 1:14)
14. Querer (Romanos 7:18)
15. Carne (1 Juan 2:16)
16. Producir (Filipenses 2:13)
17. Desear (Proverbios 21:10)
18. Espíritu (Romanos 8:5)
19. Inclina (Salmo 119:36)
20. Codicias (1 Timoteo 6:9)

*no incluye los versículos bíblicos

FELICIDAD

Quien halla esposa halla la felicidad:
muestras de su favor le ha dado el Señor.

Proverbios 18:22, NVI

Existen muchos mitos en cuanto al matrimonio. Supuestamente las chicas sueñan con su príncipe azul... ¿y los hombres? ¡Quizás con su princesa rosa! Se habla también de encontrar "un alma gemela". Sin embargo, esas imágenes de perfección pronto se desploman a la luz de la realidad.

Poco antes de casarme, una sobrinita me preguntó: "¿Por qué te casas con mi tío?". Le dije que nos amábamos y queríamos servir a Dios juntos. Ella dio su propia interpretación: "Creo que él no quiere hacerse viejito y estar solito". Seguramente algo de razón tenía, pues él ya tenía cuarenta años.

Aunque este proverbio menciona "la felicidad" como una de las bondades del matrimonio, nunca expresa que pueda haber alguna pareja perfecta. Del esposo se dice: "Muestras de su favor le ha dado el Señor". Recibimos bendición cuando escogemos dentro de la voluntad de Dios para nosotros. Formar equipo es una ventaja de la pareja: "Más valen dos que uno, porque obtienen más fruto de su esfuerzo" (Eclesiastés 4:9, NVI). A la vez, mantener una unión fuerte requiere esfuerzo personal y fe en el Señor.

Si eres soltera, confía que Dios te indicará en su momento ese hombre con el que puedas formar equipo. Si eres casada, recuerda que el Señor te quiere usar para que tu hogar sea feliz.

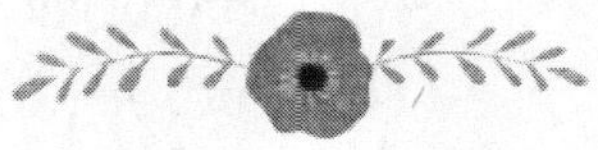

Padre, ¡gracias por el don de dar felicidad!

G G J Ú V B P Y

Ó O N M Á Q F E Ü Á N L

F É Z Ü Z Ó I I J G N G X N Q A

E K B O A É Á N P Á O E T T Y E Ü N M Q

B Q A L A B A N Z A O F O Í A J Z M Ñ O Ü

R E C O M P E N S A Z G M O J Ó D D E R D

G C U B I E N A V E N T U R A D O S Ó L Z

Z C P R J Í Í U Á É B P A R E J A C S E A

P Z S A T I S F A C C I Ó N J M Z U S I F

B Ü U E S P E R A N Z A Q O H O G A R

V L G F R U T O O Q R B S O L T E R A

Ñ Ñ R I D E I E R T E D P E F M Ó

B V H A N Q S S D Q N T Ü K M Ñ Ó

D M L C U G F I Ú D E B B A N

Í U Ú I E U M X I Ó F Ñ Ó

M M P A E I I C K Z P

Y O T R T G I K E

Ñ P Z O U Ó N

U O S D N

G J G

R

1. Mitos
2. Gemela
3. Tío
4. Pareja
5. Ventaja
6. Fruto
7. Esfuerzo
8. Soltera
9. Equipo
10. Hogar
11. Bienaventurados (Mateo 5:3-12)
12. Gozo (Filipenses 4:4)
13. Paz (Juan 14:27)
14. Bendición (Salmo 128:1-2)
15. Gracia (Efesios 2:8-9)
16. Satisfacción (Salmo 107:9)
17. Esperanza (Romanos 15:13)
18. Alabanza (Salmo 100:2)
19. Recompensa (Mateo 5:12)
20. Amor (1 Juan 4:16)

*no incluye los versículos bíblicos

RENDIR CUENTAS

No hay testigo falso que salga bien librado;
todo mentiroso recibe su castigo.

Proverbios 19:5, TLA

Cierta mañana, Armando se encontró con un amigo en el autobús, quien le saludó diciendo: "¡Hola, Arturo! ¡Qué gusto verte!". Quizá por el miedo que tenía de corregir a otro o su necesidad por quedar bien, Armando no dijo nada. El gozo de la persona que lo saludaba fue suficiente para él. Pero seis meses después, Armando comprendió algo. Todas las mañanas, entre siete y siete media, se llamaba Arturo.

Situaciones así son comunes. Si no decimos la verdad en el momento, podemos quedar envueltos involuntariamente en una mentira. No existen las mentiras "sin importancia". Cuando aparentamos algo que no es, aun cuando no pronunciamos palabras, creamos una situación engañosa como fingir que no hemos visto un mensaje en el celular o no contestar el teléfono de casa para que piensen que no estamos ahí.

Tristemente, "nada hay encubierto que no haya de ser revelado, ni oculto que no haya de saberse. Por lo cual, todo lo que habéis dicho en la oscuridad se oirá a la luz, y lo que habéis susurrado en las habitaciones interiores, será proclamado desde las azoteas" (Lucas 12:2-3, LBLA). Es necesario proponerse en el corazón actuar siempre con verdad.

¿Consideras este aspecto como algo que puedes mejorar en tu vida? Si tuvieras que evaluar con qué frecuencia has recurrido a una mentira, ¿qué responderías? ¿Nunca, a veces o con frecuencia?

Dios, ayúdame a recordar que daré cuenta de todas mis palabras.

A
Y V V
K Í F V U
P M R D I E G
E P D E I U N R I
D Q V D S M T U G D L
R E C O M P E N S A I A A
Z J U I C I O B R T Z L R D N
Z A R R E P E N T I M I E N T O C
C O N S E J O S S E A M E N T I R A I
M A Z O T E A S T A M C T E S T I G O Ú A
M E N S A J E R B O T L E P A L K A H
E S G L Ú Q I I R U C V Ó S Q Í Ó
N C Q Ú D B L D A U A Y O Ú Ó
V E P K U I E R E L F P Á
U L I N D D O N U E M
E U A A I B T A D
L L D O R A R
T A S A Í
O R S
S

1. Testigo
2. Envueltos
3. Mentira
4. Fingir
5. Mensaje
6. Azoteas
7. Actuar
8. Cuenta
9. Celular
10. Evaluar
11. Juicio (Romanos 14:10)
12. Responsabilidad (Mateo 25:14-30)
13. Obras (2 Corintios 5:10)
14. Tribunal (2 Corintios 5:10)
15. Vigilancia (1 Pedro 4:7)
16. Consejos (Proverbios 12:15)
17. Verdad (Juan 8:32)
18. Temor de Dios (Proverbios 1:7)
19. Recompensa (Mateo 25:21)
20. Arrepentimiento (Hechos 3:19)

*no incluye los versículos bíblicos

SOLUCIONES

Pág. 9: Dirección

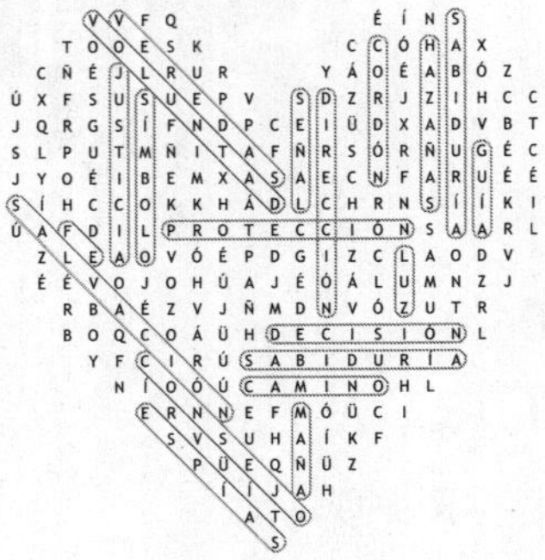

Pág. 11: Deseos sanos

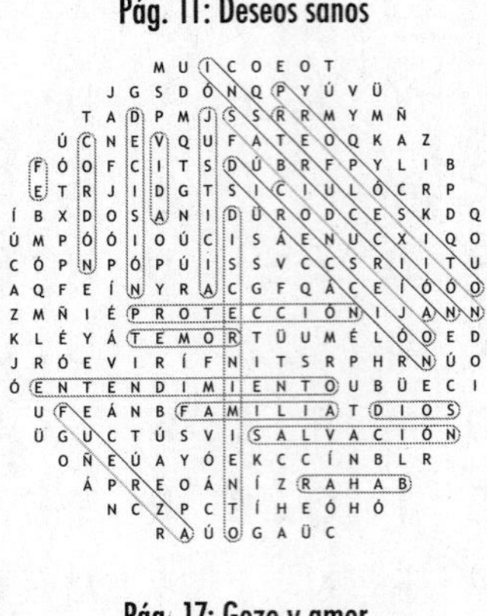

Pág. 13: Generosidad

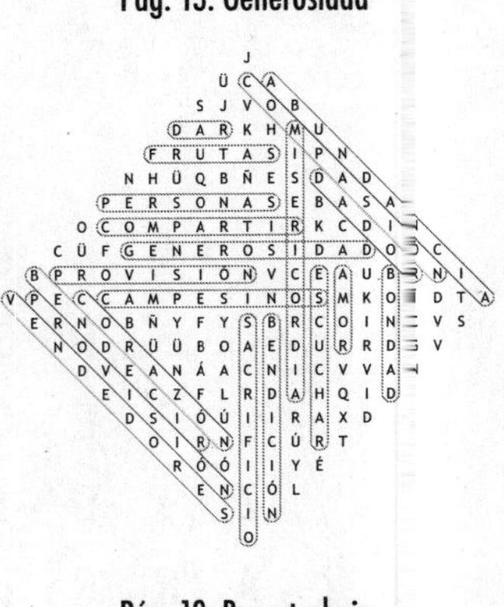

Pág. 15: Buena infancia

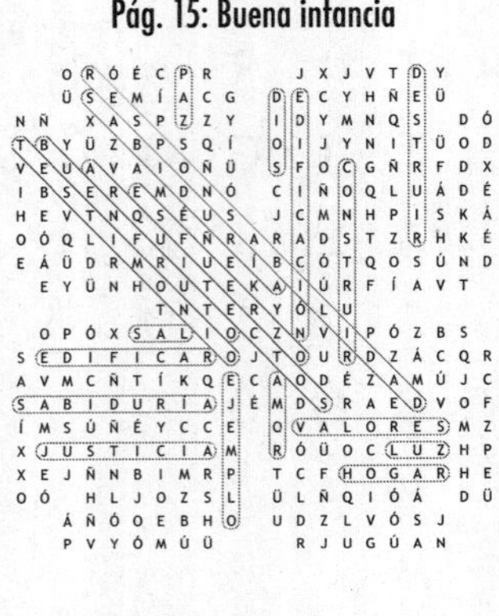

Pág. 17: Gozo y amor

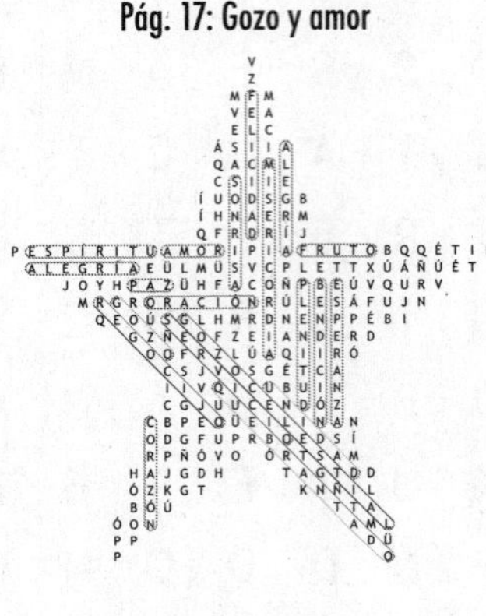

Pág. 19: Buen trabajo

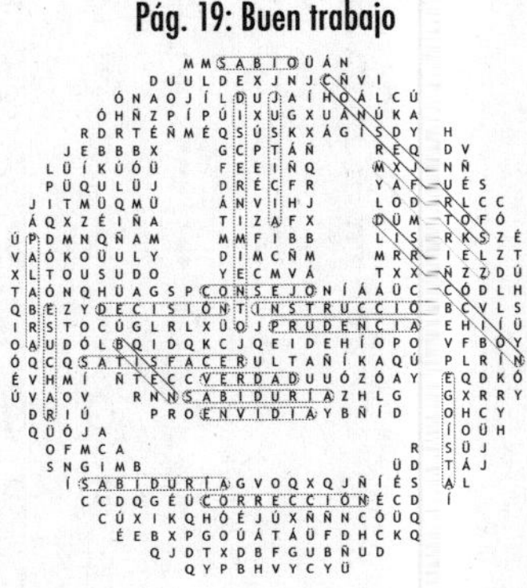

Pág. 21: Fundamento

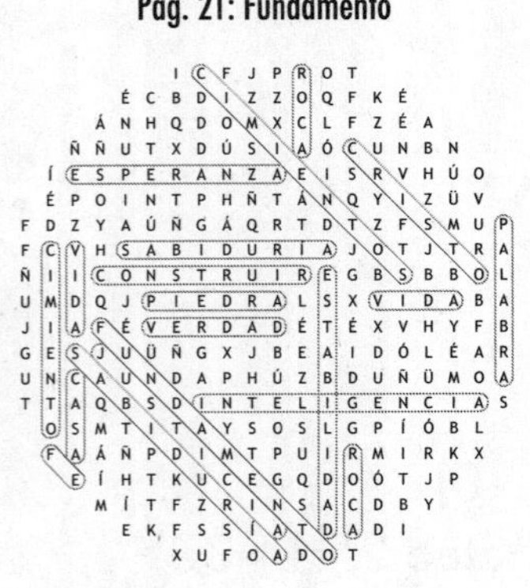

Pág. 23: Paz perfecta

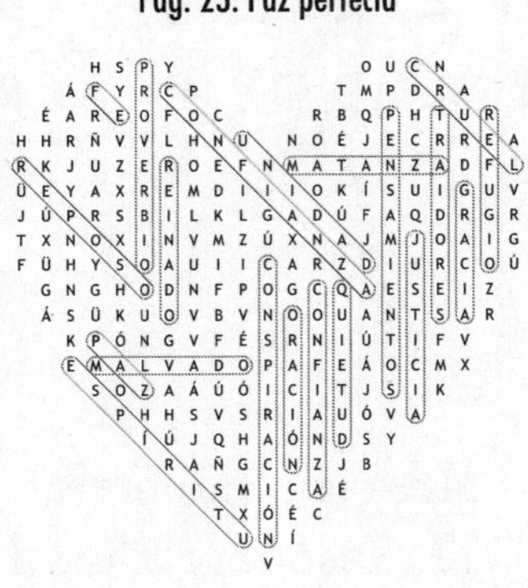

Pág. 25: Fe viva

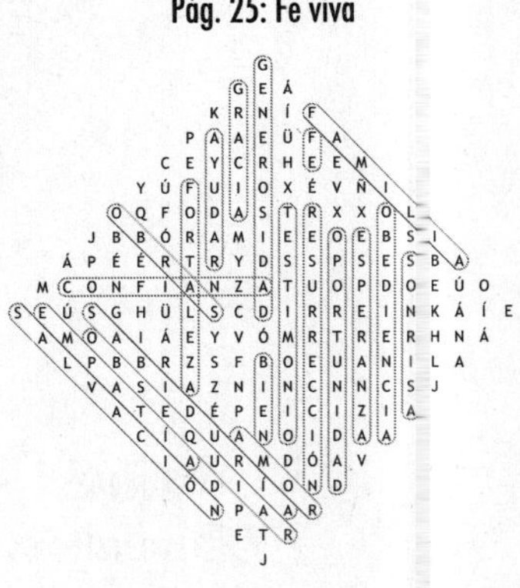

Pág. 27: Amor patente

Pág. 29: Compartir sabiduría

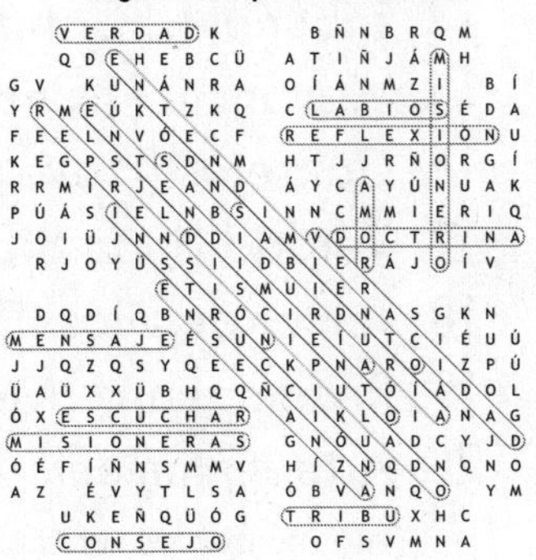

Pág. 31: Lealtad

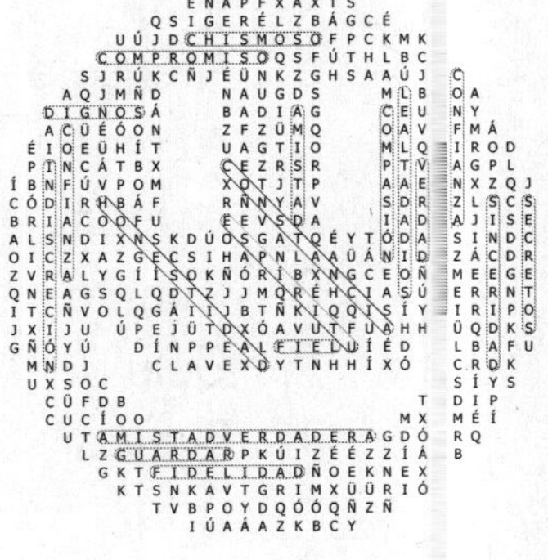

SOLUCIONES

Pág. 33: Buena administradora

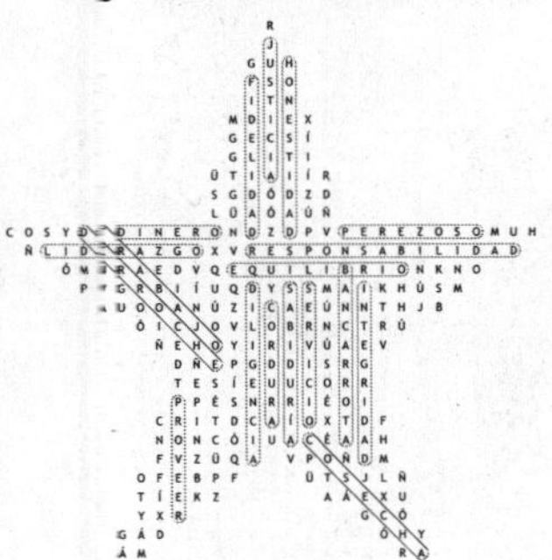

Pág. 35: Como hormiga

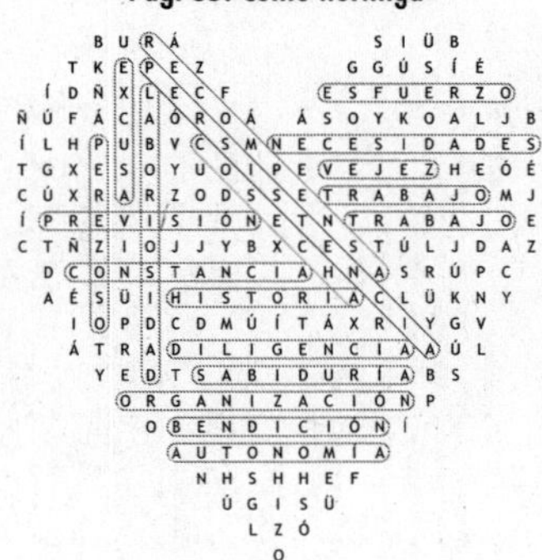

Pág. 37: Dudas

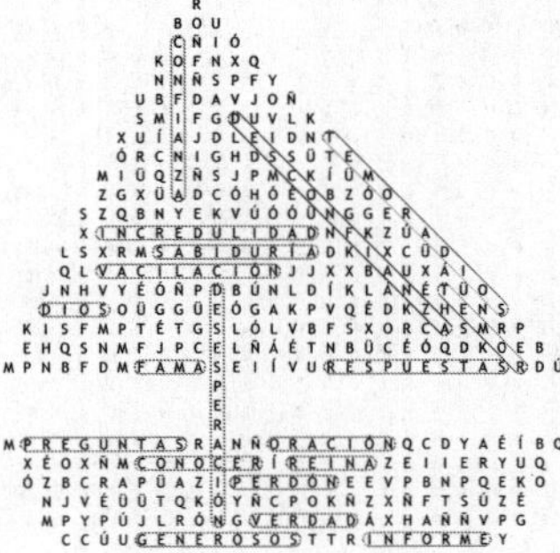

Pág. 39: Regalar alegría

Pág. 41: Confianza total

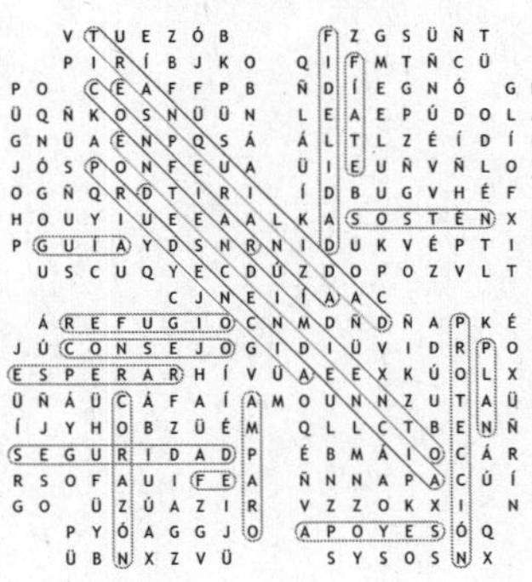

Pág. 43: Caminar humilde

Pág. 45: Gracias por la vida

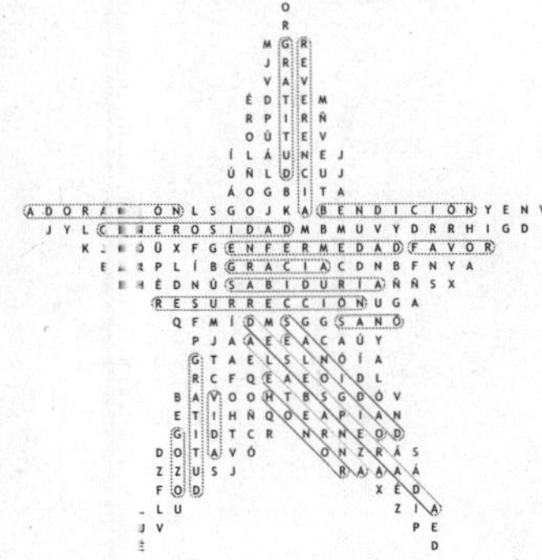

Pág. 47: Provisión paternal

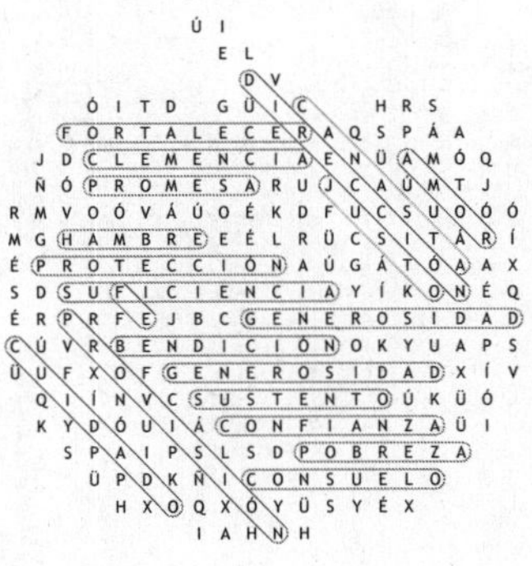

Pág. 49: Buena consejera

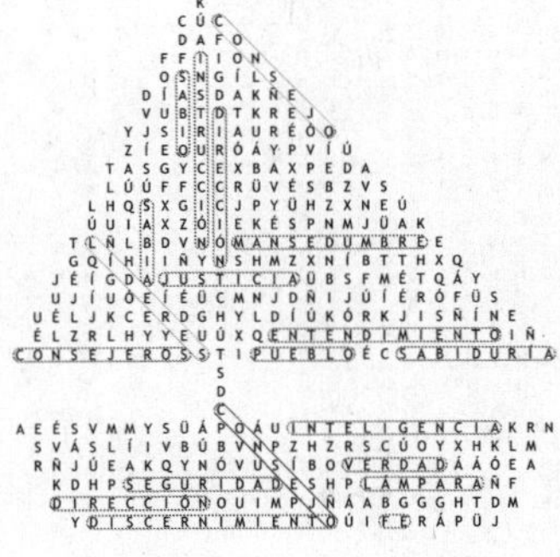

Pág. 51: Fortaleza

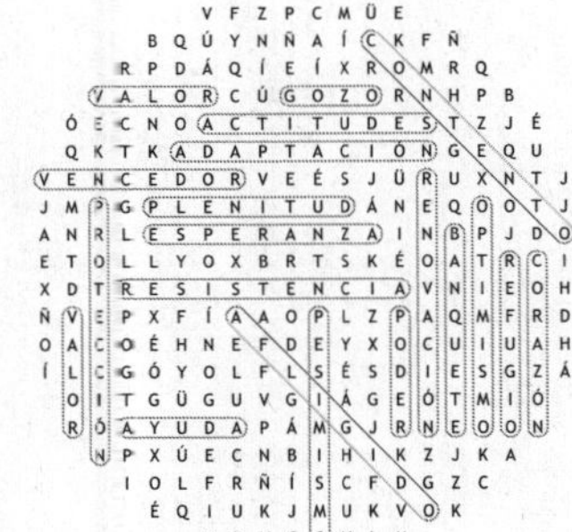

Pág. 53: Rectitud

Pág. 55: Agradable

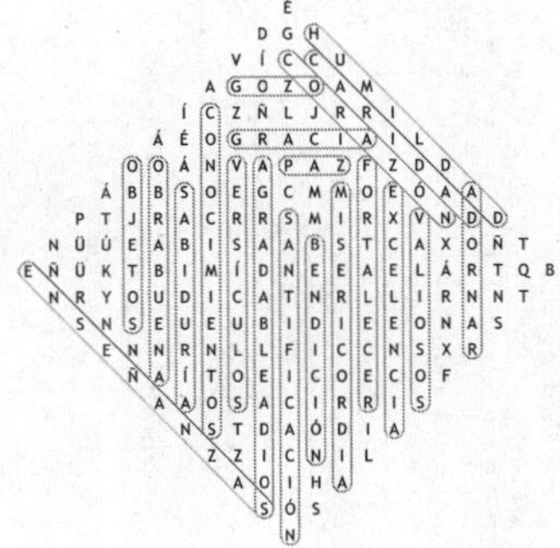

SOLUCIONES

Pág. 57: Entendimiento y obediencia

Pág. 59: Prudente y virtuosa

Pág. 61: Ofrenda fragante

Pág. 63: Discernimiento

Pág. 65: Siempre conmigo

Pág. 67: Me satisfaces

Pág. 69: Temor al Señor

Pág. 71: Nietos fieles

Pág. 73: Boca cerrada

Pág. 75: Sinceridad

Pág. 77: La puerta

Pág. 79: No hay vuelta atrás

SOLUCIONES

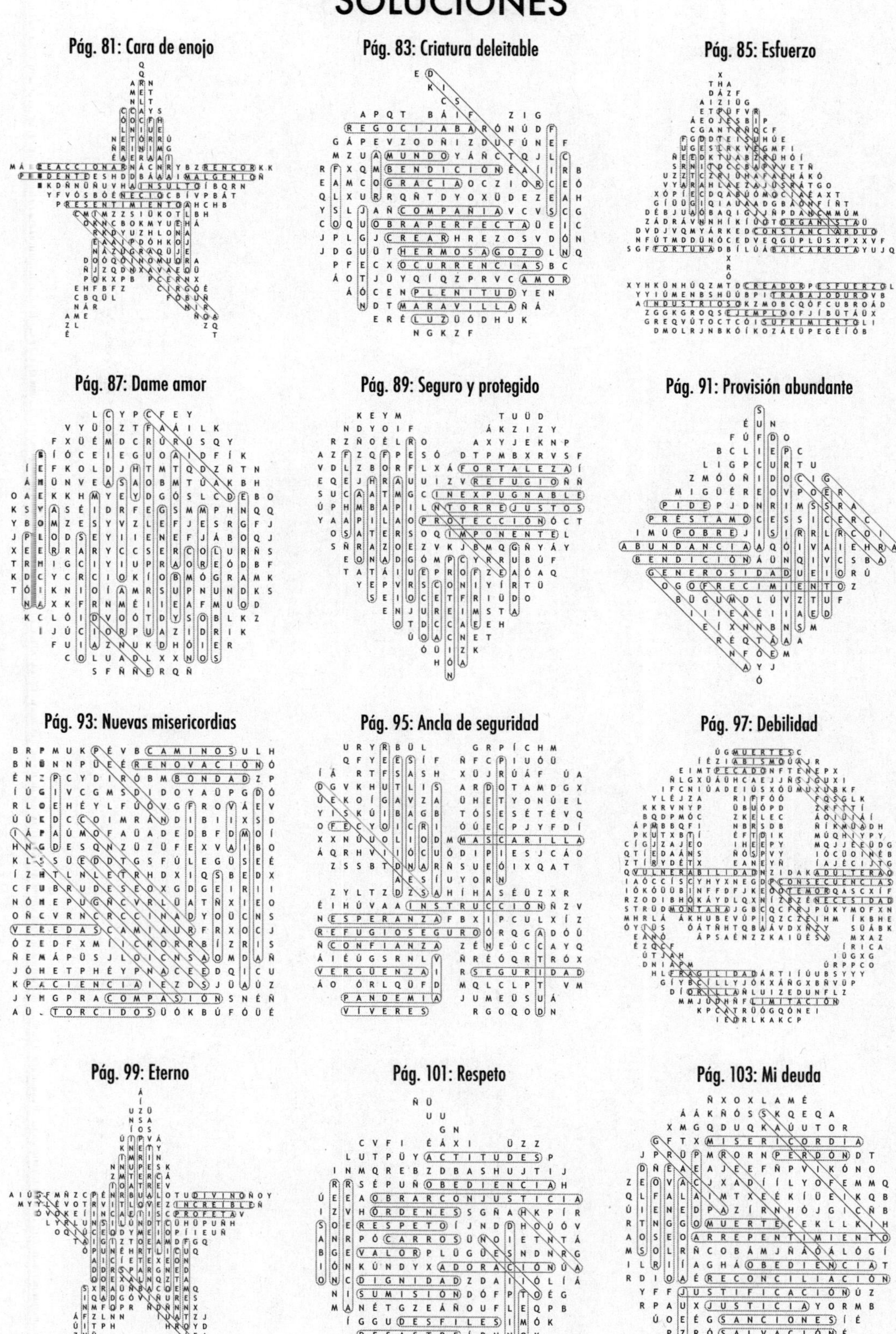

Pág. 81: Cara de enojo
Pág. 83: Criatura deleitable
Pág. 85: Esfuerzo
Pág. 87: Dame amor
Pág. 89: Seguro y protegido
Pág. 91: Provisión abundante
Pág. 93: Nuevas misericordias
Pág. 95: Ancla de seguridad
Pág. 97: Debilidad
Pág. 99: Eterno
Pág. 101: Respeto
Pág. 103: Mi deuda

SOLUCIONES

Pág. 105: Dame luz

Pág. 107: Perdón

Pág. 109: Sin amargura

Pág. 111: Sustitución

Pág. 113: No a la tacañez

Pág. 115: Disciplina

Pág. 117: Compartir

Pág. 119: Conocimiento

Pág. 121: Orgullo

Pág. 123: Compasión

Pág. 125: Prudencia

Pág. 127: Entrega

SOLUCIONES

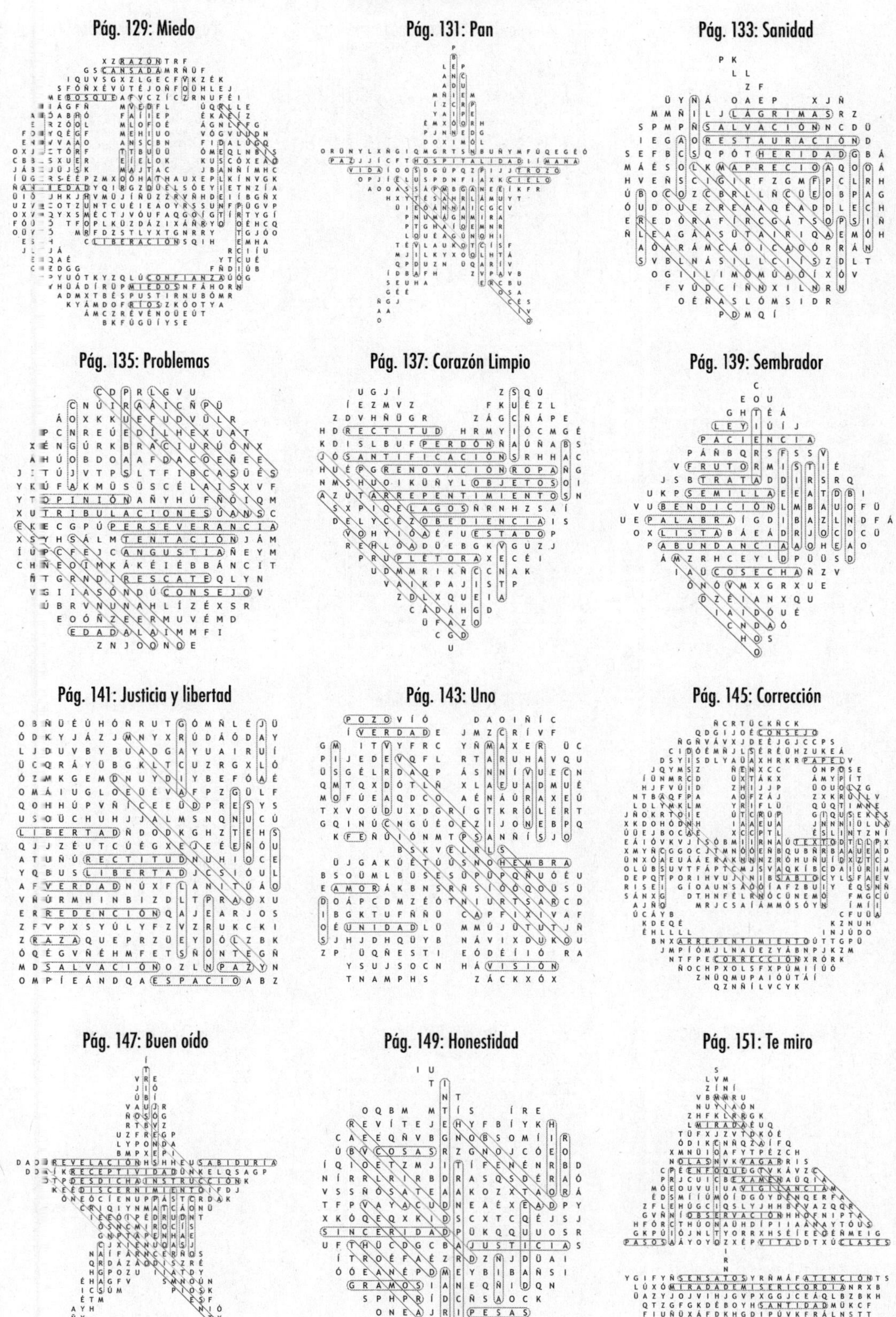

Pág. 129: Miedo

Pág. 131: Pan

Pág. 133: Sanidad

Pág. 135: Problemas

Pág. 137: Corazón Limpio

Pág. 139: Sembrador

Pág. 141: Justicia y libertad

Pág. 143: Uno

Pág. 145: Corrección

Pág. 147: Buen oído

Pág. 149: Honestidad

Pág. 151: Te miro

SOLUCIONES

Pág. 153: Gran regalo

Pág. 155: Paz en el hogar

Pág. 157: Organización

Pág. 159: Obediencia

Pág. 161: Veraz

Pág. 163: Amor al prójimo

Pág. 165: Maravilla del amor

Pág. 167: No consentidor

Pág. 169: Equilibrio

Pág. 171: Amistad divina

Pág. 173: Rescate

Pág. 175: Materialismo

SOLUCIONES

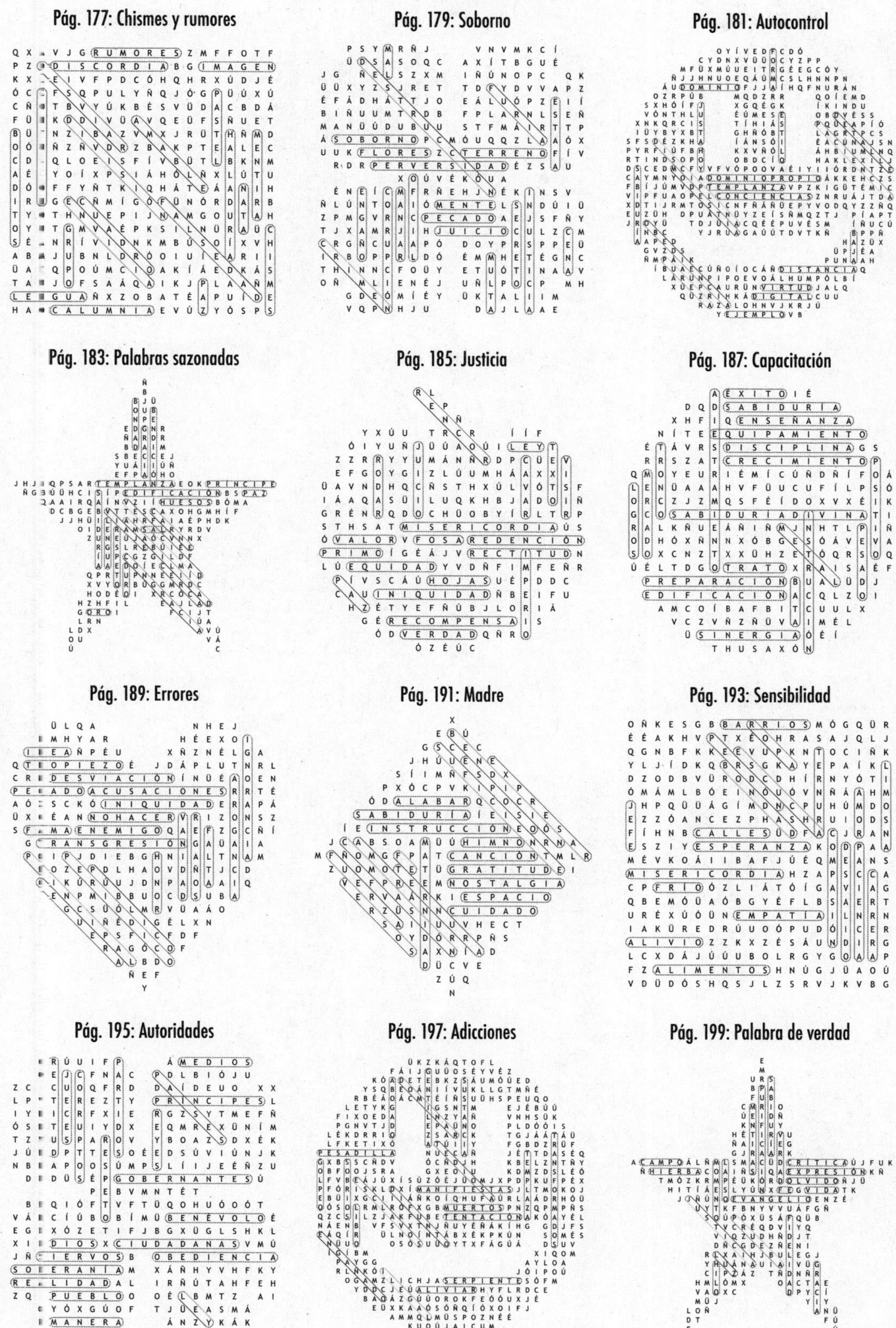

Pág. 177: Chismes y rumores
Pág. 179: Soborno
Pág. 181: Autocontrol
Pág. 183: Palabras sazonadas
Pág. 185: Justicia
Pág. 187: Capacitación
Pág. 189: Errores
Pág. 191: Madre
Pág. 193: Sensibilidad
Pág. 195: Autoridades
Pág. 197: Adicciones
Pág. 199: Palabra de verdad

SOLUCIONES

Pág. 201: Mentiras

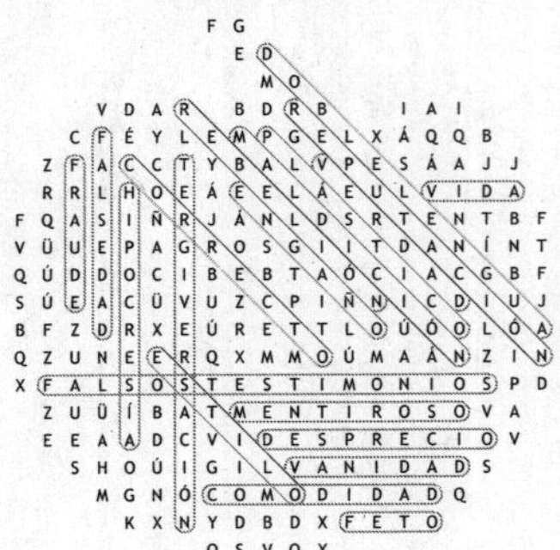

Pág. 203: Deseos

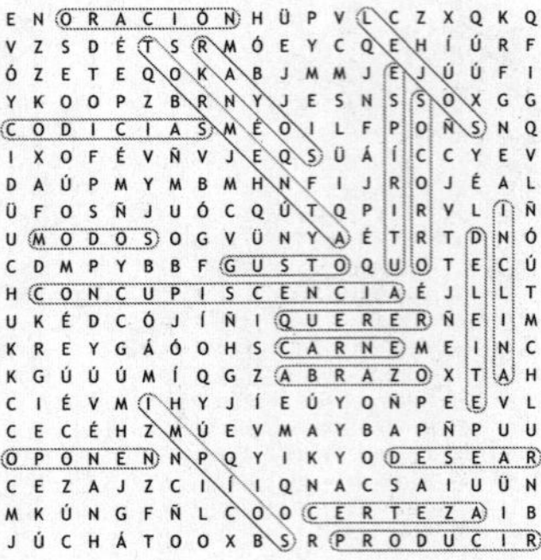

Pág. 205: Felicidad

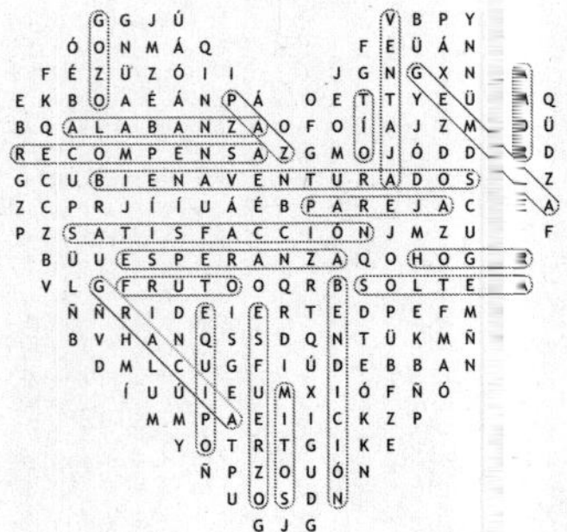

Pág. 207: Rendir cuentas

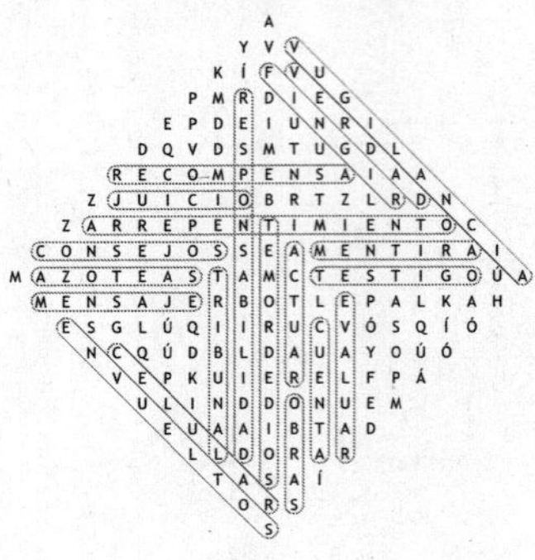